50歳から準備する定年後の生き方

リタイアしたら
♪人生ハーモニー♪で
楽しく、豊かな生活に

野口京子

ダイヤモンド社

はじめに

令和の時代が動き出しました。そして、人生100年時代の到来です。その折り返しである50歳になったら、ぜひ考えてほしいのが「マイ・プロジェクト」です。

これからの人生は、「教育を受けて仕事に就き、定年で引退」というスタンダードな各ステージの移行ではなく、学びなおしや複数の仕事を持つ、あるいは新しい分野を開拓するなどのスタイルや、社会構造が考えられるようになるでしょう。

年を重ねると、科学や医学の急速な進歩を素晴らしいと感じながらも、ちょっと不安を感じるときがあります。おそらくそれは、長生きする自分を想像し、「果たして、その頃、自分はどのように変化した社会のなかで過ごすことになるのだろうか?」という気持ちから来るものでしょう。

そこで、科学が進歩すればするほど、心のバランスを保つために、今後ますます必要になってくるのが、音楽をはじめとする芸術の世界に触れることです。特に音楽は、創造性や想像性とともに、言葉や数字にできない感情も感動も表現することができます。右脳と左脳の機能のハーモニーも大事ですね。

SNSなどでよく見かける人間関係や国際関係の問題でも、自分の利益を守るのは大事なことですが、そのために相手を排除し攻めるだけでは、平和は遠くなります。お互い共感し協働する気持ちがなくなり、世界が徐々に崩壊してしまったら大変です。宇宙から見れば、「世界はひとつ」の宇宙船地球号なのですから、平和のためにもハーモニーが必要でしょう。

健康心理学に長年携わってきた私自身、若い人たちに向けて伝えたいことは変化しましたが、ずっと言い続けているのは、

「人生の曲がり角で、立ち向かうものが変わったとしても、そこを突破していくときには必ず必要な力がある」そしてその力は、年を重ねるほど、さらに必要ということです。

その力とは、知的能力と技術能力を超える、精神的資源のことです。本書で述べているこの力は、哲学と健康心理学を基盤とし自分で育てていくことができます。第二の人生を考えるうえでは、これに円熟性が加わります。

100歳の折り返し地点となる50歳を迎えたら、何に生きがいを感じ、何に心踊るのか、自分を駆り立てる道を探しましょう。

50歳が新たな道を成功させる実現可能地点です。

心の底にある「好きなこと、楽しいと思えることを、思いっきりやってみたい!!」という自分の気持ちを大事にして、本書と一緒に自分の資源（感情や思考・行動の傾向）を確認し、健康で社会に貢献し幸福感を味わえるような、人生後半の「マイ・プロジェクト」を作りましょう。

50歳から準備する
定年後の生き方

もくじ

第2章　50歳から強化する四つの習慣　49

4 ストレスを力に変える 83

第4章　50歳からの魅せるファッション　127

序章

50歳、人生折り返しで準備する

２０１９年４月後半、ドイツのバーデンバーデンのイースター音楽祭のツアーに参加して、４夜続けてベルリン・フィルの演奏に浸りました。ちょうど平成から令和への移行期、私は文化学園大学を退職して健康心理学の教育に関してはは仕事もひと区切りしたところで、これからの人生の過ごし方を考えようと思いました。

ドイツに滞在中、夜は音楽祭、それ以外の時間は、自然のなかで過ごすよう心がけました。辺り一面、春の芽が吹く緑の樹々に目を奪われ、小鳥のさえずる声に耳を傾け、タンポポや木蓮の花でいっぱいの、風吹く散歩道に感動する毎日を送るうちに、

「人生は、ハーモニーである！」

これまでに何度か心に浮かんでいたこの言葉が、確信となったのです。

１９９０年前後、健康心理学を研究していた私は、ニューヨークで、コロンビア大学のソーシャルワークのプロフェッショナルコースに在籍していました。修士課程の通常の単位数の授業に加えて、１年目はマンハッタンのベス・

イスラエルメディカルセンター、2年目はイーストサイド地域のコミュニティでの週3日間のインターン実習で、一週間がほぼ埋まっていました。大学院の授業と現場実習がぎっしりと詰め込まれたプログラムです。振り返ると、あの頃は、寝る間も惜しみ一生懸命、一生のうちで一番勉強をした時期だったと思います。

ニューヨークでは、街角に住むホームレスの人々のエイズ感染の実態を調べている人もいました。企業の健康増進プログラムの成果を報告している人もいました。生徒に喫煙と肺がんの関連を教えている人もいました。また、「楽しい老後を！」というワークショップを開いている人もいました。そういったことはみなその時代の、健康心理学の課題だったのです。

健康心理学（Health Psychology）は、アメリカ心理学会から10年以上遅れて日本に入ってきた心理学の一分野です。文字通り、「健康に関する心理学からの貢献」が目指すところです。人の心の悩みにかかわる実践分野の臨床心理学と、心理療法やカウンセリングの手法を用いることは共通していますが、大きな違いは目的と対象です。

臨床心理学とは精神障害や心身症など、心に病を抱えた人を対象にし、主に快復への援助を目的としています。

健康心理学は、問題を抱えながらも日々仕事をしている人、あるいは健康な人々も対象にしています。目的は、健康なライフスタイル、疾病の予防や健康増進などです。

たとえば、自身の行動を変えたいとき、問題を解決しながら心身を強くしたいとき、病気を予防したいとき、問題行動を防ぎたいとき、そして自己実現したいとき、健康心理学の力が生かされているのです。


何よりも、自分を変える行動変容の選択は自分で行うという考え方が、健康心理学においては一番重要なことでしょう。

「変わる力は自分のなかにある」と気づくことです。


健康心理学とは、ストレス社会、激動の社会であろうとも、日々の生活習慣をよりよいものに整え、「健康増進」と「疾病予防」の実現に貢献する心理学ですから、ほとんどの人にとって必要な学問分野です。子どもの夢の実現から宇宙飛行士の選抜や任務など、さまざまな領域で健康心理学は力を発揮しています。

当時私は、恩師である本明寛《もとあきひろし》先生（早稲田大学名誉教授）による日本健康心理学会の設立を見届けてから渡米したのですが、まだ自分のなかで健康心理学をどのように捉えたらよいか明確になっていませんでした。アンテナを張り巡らせながら模索しているうちに、ソーシャルワーク（社会福祉学）のアプローチを心理学に重ね、さらに健康教育（喫煙やアルコール問題等の課題解決を含む健全な生活習慣達成）の技法を加えてみることで健康心理学の全体像が見えてきました。

それからは、大学や街中の書店で、健康心理学に関する教科書や書籍を見つけては日本の恩師に送りました。健康心理学という、新しい分野にぐんぐん魅かれていきました。

その後、日本健康心理学会は急発展していきました。その頃私はまだ、マンハッタンに住む高齢者を対象に、ソーシャルワーク・インターンとして勉強をしていました。

そしてあるとき、ニューヨーク・フィルハーモニーの演奏を聴きながら「ああ、健康心理学はオーケストラだ！」と思ったのです。健康心理学と他の健康の関連学問領域との関係は、アプローチの異なる分野が排斥し合うのではなくて、お互いに協力し合うことで効果を上げることが必要だとわかったのです。

音楽を健康にたとえるのであれば、楽器は健康に関する各関連領域にあたり、楽曲は健康の課題にあたります。それぞれの奏者が技術を磨けば磨くほど、それぞれの楽器が美しく奏でられ生かされて、オーケストラ全体が素晴らしく響きます。異なった楽器の音色の作り出すハーモニーが聴き手に感動を与えるのです。

私の「健康心理学はオーケストラ！」説は、当時の海外の著名な健康心理学者から「健康心理学の全体像と働きを見事に言い表している」と絶賛され、と

健康心理学はオーケストラ！

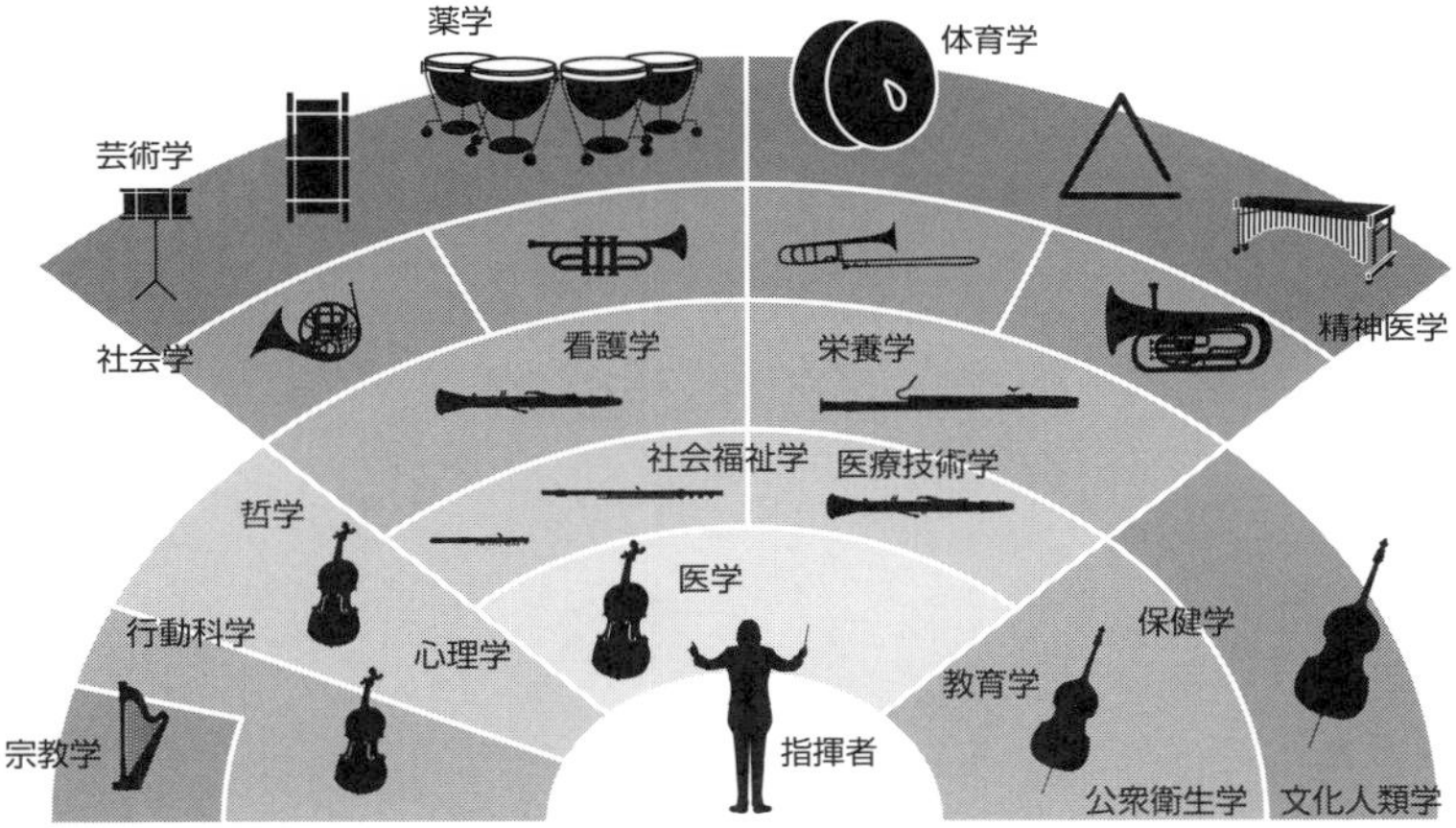

健康心理学

健康の課題

♪ライフスタイル	♪エイズ	♪アレルギー疾患	♪脳血管障害
♪ウェルネス	♪慢性疾患	♪高血圧	♪運動
♪健康教育	♪禁煙	♪癌	♪栄養
♪ストレス	♪アルコール依存	♪心臓疾患	♪睡眠　　など

ても嬉しく誇らしくなったのですが、でも、日本ではちょっとひかえめに報告したものです。

見渡せば、今自分自身のなかで、心と身体で、他者との間で、さらには国と国の間で、素敵なハーモニーを保っているでしょうか。

さまざまなときに、さまざまな場で、自分の大切な部分を維持しながら何も失うことなく、他者にもその場所を与えることができるでしょうか。

もしそうできれば、きっと世の中は極端に走らず、多様性、柔軟性を保ち、平和になり、人間関係においても、それぞれの目標を達成しやすく、実り多く生産的です。

優れた特徴を備えた人たちが異なった考え方や能力を認め合い、それぞれの力を発揮しながら幸せな世界を築くのです。

私は、昔から「ハーモニー」という言葉の響きも、意味も好きでした。小学生の頃、生徒委員会で調整や解決の役割を担ったときに、習いたての聖徳太子の17条憲法「和をもって貴しと為す」を実践しようとしたことを思い出します。これは、平和に暮らしていくためには仲よくすることが何よりも大切で、争いごとはよくない、何事も話し合いで決めよう、ということ。それぞれの立場を尊重しながら、着地点を見つけようと努力しました。

後に、利害関係が異なる立場の省庁委員会に座長として参画したときも、この言葉をいつも頭に浮かべていました。結論がまとまらない場合は、お互いに相手の主張を理解し、納得するまで話し合いの場を設けます。傾聴・受容・共感はカウンセリングで用いる方法のひとつです。委員会の目的を頭に置きながら、よく聴いて、相手の真意や真剣さが伝わり共感できると、双方が尊重し合い目的に向かって協働するようになり、合意点、着地点にたどり着けます。ハーモニーを目指すことで解決していく事柄も多いのです。

1994年、恩師の本明先生に呼び戻されたのを機に、私はアメリカでの生活を途中で切り上げて日本に帰りました。それ以降、健康心理学創設期に貢献した海外の著名な健康心理学者の招聘や、第2世代を担う各国の健康心理学者も含めた国際交流、共同研究、翻訳出版などで、健康心理学会は年々発展していきました。

私は幸いにも、毎年のように「ストレス研究」のリチャード・ラザルス、「自己効力感」のアルバート・バンデューラ、「理性感情行動療法」のアルバート・エリスをはじめ、健康心理学を生み出した創設期の学者たちと接する機会に恵まれました。彼らの業績をただ書物で知るだけでなく、作り出された理論の背景や彼らの研究の姿勢について直接聞くことができたことは、健康心理学が本当に人生に大切な理論であり、実践だという確信を得ることになったのです。

本書で述べている、現在の社会で生き抜いていくための心構えや方法は、そのなかから選んだものです。

これから、私たちは、今までよりもずっと速い速度で、次々に科学や技術の発展による新しいものに直面することでしょう。私たちがいつの間にかAIの発達に組み込まれて機械人間にならないよう、人間であるために何に価値を置いて何を大切にするか、その選択も問われます。また、進歩についていけず、自分を卑下し、取り残された気持ちになるかもしれません。

しかし、変化と発達に伴い、その対象は異なっていきますが、喜びや悲しみ、人を愛し、信じ、希望を持ち、夢を見ることは、昔と同じように続いていきます。対象こそ変われ、発する情動の種類は昔も今も、どの世代も変わらないことに気づき、ほっとします。

他人に尽くすボランティア精神も形を変えながら人々の心に育っていて、人間の基本姿勢の一面として失われずに備わっています。


筑波大学の分子生物学者、村上和雄名誉教授が、公演やインタビューで、「私たちは、人間が持っているDNAのほんの少ししか使ってない。使われていないDNAのスイッチがまだたくさんある」とおっしゃっています。使わないままでいるなんてもったいないですね。今からでも遅くないのです。他人にできることは自分にもできるのだと考えれば、まだオフになっているたくさんのスイッチをオンにして、いろいろなことを感じ、考え、行動して、たくさんの感動とともに人生続く限り最後まで燃えて過ごしたいものです。

「人々が美しく心を寄せ合うなかで文化が生まれ育つ」という意味が込められている令和の時代を、「ハーモニー」で過ごしていきたいと私は考えます。心が温かく楽しくなるように、そして誰かの役に立つように、モデル像を浮かべ、美しい姿と幸せを考えてみました。

本書では、健康心理学に裏づけされた、幸せを実現する方法やヒントをお伝えします。人生のセカンドステージを心豊かに、穏やかに、そして楽しく過ごしていただければと心より願っています。

第1章

50歳になったら、「感動と共感」を軸に生きる

『最高の人生の見つけ方』という2007年に公開されたアメリカ映画があります。オスカー俳優であるジャック・ニコルソンとモーガン・フリーマンが初共演したヒューマンドラマです。日本でも、この同名映画を原案に吉永小百合さんと天海祐希さんの共演で2019年に公開されました。原案は、病院のベッドで隣り合わせた余命6カ月と診断された男2人が、今までの人生に喜びを見つけられたか、人に喜びを与えられたかの自問から始まり、「死ぬまでにしたいこと」のリストを作り、残された時間で夢を追う生涯最後の冒険へと旅立ちます。荘厳な景色を見る、泣くほど笑うなど、やりたいことのリストには10項目ぐらいあったと思います。

映画を観ながら「自分だったら何を……」と考えた人も多いでしょう。

人生の残り時間のほうが短くなってきたときに、その大切な時間を元気で自分らしく過ごしたいものだと多くの人が思うでしょう。

しかし、できるかどうかは事前の準備次第で結果は大きく変わってきます。定年退職を迎えてから動き出すのではなく、できるだけ早めに準備を始めることにしましょう。準備が必要なのは次の三つです。それぞれが関連し、影響を与え合っています。

① これからチャレンジしたいテーマを考える
② 実現するために必要な習慣術を身につける
③ 健康であること

これは特に退職前とは限りません。第2の人生、第3の人生など、大学卒業後や、30代、40代などの節目のときなど、思いついたときがそのときなのですが、人生100年時代となった現在、折り返し地点の50歳になったら、誰にとっても、もうそのときです。

自分のためのプロジェクトの準備として、何をどのようにするかなどを具体的に考え、さらにその意義や実現したときのイメージも浮かべるとよいでしょう。

1 生きがいは感動体験から生まれる

私も、あと数カ月で退職という頃、もうすぐ毎日自由な時間がたくさんとれる、退職後はどんなライフスタイルにしようか、と考えるのが楽しい課題でした。

やりたいと思いながらできなかったことや若いときに楽しんだことをもう一度、などといろいろ思い描いていました。演奏会のフライヤーなどを見て、これから弾いてみたい楽器を見つけるのもいいなと思いました。

ピアノ、ヴァイオリン、フルート……何でもよいのですが、声であれば、どこにでも持ち歩ける自分の楽器ですね。また、自分で弾かなくても、鑑賞もよいです。音楽鑑賞も、絵画鑑賞も、自然観察も、森林浴も、温泉巡りも、自分がエネルギーを注げば相手からも何かが返ってきます。感動です。何か新しいことを始めると、また違う感動を味わうことができます。

マイピアノ——子どもの頃にやりたかったことを思い出してみる

小さな頃からの私の趣味はクラッシックバレエ、歌、油絵でした。そして、童話やミステリー小説を読むことも好きで、自分で書いてみたいと試みたときもありました。

現状では、再びバレエを踊りたいのですが、かなり努力をしたとしても、学生時代の体重や身体の動きまでには戻りそうもありません。バレエは鑑賞を主にして、身体の柔軟性を維持し、美しい姿勢を保つことぐらいにとどめます。絵のほうは道具もそろっていますし、師匠も身近にいます。わが家の本棚は最近少しずつ内容が入れ替わってきています。

そんなある日、歌の発表会で素敵なピアノ伴奏を耳にしてから、鑑賞だけでなくて直接自分でも弾いてみたいと思うようになりました。

高齢期になって身体的能力が下降するのは仕方ありませんが、毎日の訓練によって少しずつでも自分が進歩するのを感じるのは素敵なことだし、ピアノは利き手でないほうの手も使うから老化防止にもよいですよね。学生たちと取り組んだ卒論や修論では、「感動」が「主観的幸福感」や「生きがい」の主要な要素として浮かび上がってきています。高齢期に特に必要なのは、「生きている！」という実感を与えてくれる感動体験でしょう。

残された人生は、できるだけ芸術のなかに身を置き、感動を味わいたいものですが、「わが家にあるピアノは甥の預かり物だし、そろそろ送り返さなくては……」と考えていた頃のことです。ふらりと入ったピアノ専門店で、あるピアノの音色を初めて聴いたとき、「私、このピアノを買うかも……」と予感がしました。

そのピアノは、ピアニストでない私には贅沢すぎる不相応なものです。

でも、これから買いたいと思うものをすべて我慢してでも、そのピアノがほしいと思いました。
「私、ピアノを買おう!」

そして、3週間後、ヨーロッパから日本に来て間もないそのピアノは、私の部屋で暮らすことになりました。部屋の大部分を占領しています。寝るときも起きたときも、そこにピアノがあります。16歳の頃、バレエの進級テストに合格して、履きたくてたまらなかったピンクのサテンのトウシューズを買って、机の上に置いて眺めていたときと同じ喜びを味わっています!

そう、私は自分のピアノがほしかったのですね。

甘くてロマンティックな音色に魅せられて決めた、ベビーグランドピアノです。ボヘミアの森で育ったスプルースが響板で、ウォルナットの艶出し仕上げのピアノには、「アルプスからアドリア海に向かって吹く風:ボーラ」の名前がついています。

さて、このピアノ、実は、不思議なピアノなのです。ボヘミアの森に住んでいた樹々の精たちが一緒についてきて、ピアノのなかに住んでいるような気がするのです。

私は子どもの頃、ちょっと習っただけですから、まだほとんどピアノが弾けません。でも新しい持ち主について、「早く上達しないかねぇ」とささやきあっているように思えます。私が耳を澄ませて音をよーく聴きながら、心を込めて鍵盤を叩いていくと、夢見るような素敵な音色と響きになってくれます。音だけ「ポツン、ポツン」と弾いても、聴いても、心のなかで音楽になるのです。技術的には満足に弾けそうもないですが、心で弾くことはできるようになりたいと思っています。

私が、これから自分のためにチャレンジしたいテーマは「音楽」でした！

2 共感力を高めるボランティア活動

　自分の感動体験が何かわかったら、「社会とのかかわり」について考えていきましょう。

　人は一人では生きていけません。自分の子どもや孫をはじめ、次世代に健やかな環境を繋ぐことは私たち世代の責務でもあります。少しずつ地球が破壊されていくニュースを聞いて心配になったならば、自然を守るための団体に参加することもよいでしょう。海外経験のある人ならば、日本で過ごす外国人の生活を楽しいものにする支援を考えてみるのもよいでしょう。また、自分が仕事にしてきたことが今後少しでも社会に役立つのであれば、こんなに嬉しいことはありません。

ある年齢に到達したら、世の中に必要なことや意義のあることにぜひ参加してみたいものです。

共感性は素敵な能力ー他人との繋がりを広げるために

性格の話が出るといつも、「多くのことを成し遂げられる性格特性のなかで、共感性が最も大事だということを忘れないように」という恩師の言葉を思い出します。

自分自身を「積極的で、責任感もあり、自信もある。指導力、持久力、思考性、規律性などの要素もしっかり身につけた。仕事にも日常生活にも生かしている」と思っている人もたくさんいるでしょう。

さらに、社会貢献やよいコミュニケーションに必要な円熟したパーソナリティを作り上げていくためにも、「共感性」や「協調性」を高めることは、必須であると言われています。温かい社会を築いていくには、そこに暮らす人々が協働し、共感し合いながら生活することが大事だからですね。

クリエイティブな製品を生み出すクリエイティブマインドにも「共感する力が必要である」と言った人がいますが納得です。共感することができるということは、相手が喜んでくれることや、ものをわかるということ。そして、相手が喜んでくれる製品を考えられるということは、世の中の役に立つものを創れるということ。これこそが、「やりがいのある仕事」に繋がります。

「共感」を得るために大切なことは、「相手との心理的な距離を近くする」ということです。他者と自分を同じように感じることができると、他者を受容することもできるでしょう。

人と話しているときに、「自分の呼吸と速度が同じテンポだ」「私と話し方が似ている」「自分にもそう見える」「そう！想像できる」「私にもそう聞こえる」「心に響く」「しっくりくる」、などと感じることがあります。共感あるいは協調しているとき、あなたは視覚、聴覚、体感覚のいずれかを使って感じているのです。そんなふうに、他人と共通する体験、感情を持ち、相手を受容する体験を重ねることで、他人の話に耳を傾け、相手の立場を考え、人の心を思いやる習慣がついてくるのです。

人間関係を再構築する

では、共感性、協調性はどのようにすれば育てていけるでしょうか。私は、最適な例としてボランティア活動を挙げたいと思います。

ボランティア活動は、直接自分のためになると思って始める活動ではありません。はじめはほとんど知らない人同士が、同じ目的に向かって同じようなことを感じながら活動していくのです。その活動を続けていくうちに、親しくなり協力し合い、喜びを共有し、時には出会った人からのフィードバックに感激します。そのような人間関係が気持ちのよいものだという感覚が自然に育っていきます。

共感性や協調性は、授業などの座学で訓練するよりも、直接には関係のない場所での体験で身につくことが多いようです。

私は大学教育にも実践授業として導入しましたが、その経過と結果を評価してみると、教える側にとっても、この導入は大切なことであったと強く感じています。ボランティア活動を取り入れることで、試験の成績の評価とは別の、学業だけでは評価できないその人の背景、体験、興味など多様な側面を見ることができるからです。

他者のために始めたことでも、その行動の過程や結果を通して、相手に対する親近感が増したり、自分の可能性に気づいたり、さらに自分を高めたいという気持ちが湧いてきます。ボランティア活動の過程で、これらの要素の段階的・螺旋的な循環が続いていくなかで、その対象に対する活動の本来の成果とともに、大切な共感性、協調性が育まれます。

自身の変化を楽しむ

ボランティア活動には他者に貢献するための重要な要素が含まれています。ボランティアの精神、ボランタリズムには従来、動機の面から見ると「自発性」「無償性」「利他性」の3要素が含まれていました。

自発性とは、その行動が他者によって強制されるものでなく語源のごとく自分から進んで始めるということです。

無償性とは、原則的に報酬を得たい、利得を得たいという動機づけで行うものではありません。

利他性は、他者のために、社会のために何かをしたいという向社会的な意義を持っています。まだ若いうちから、「自分から行動を起こし報酬を求めずに人のためにやる」という体験をするのはよいことです。

時代の変化に沿って、ボランティアの定義や解釈が広がっていくのは当然でしょう。現在は従来の考え方に「先駆性」「補完性」「自己実現性」が加わるようになりました。

その活動が社会貢献や改革に結びつく新しい試みや主張などの場合、**先駆性**となります。昨今、公共の行政サービスだけではこの社会の需要を満たすことができないので、それを補足することや、受け手側に立ったサービスシステムの考案にも繋がる場合、**補完性**となります。

以前、東京都の副知事の発案で行った「安全安心まちづくり」は、街の人たちのボランティア活動で地域の安全を守ろうという、まさに先駆性、補完性の現れたよい例です。

たとえば、少年警察ボランティア活動や、安全安心まちづくりの団体の活動では、警察だけでは見まわれない部分、市町村だけでは監視できない、間に合わない部分を、「人に先駆けて、このボランティア団体の力で補っていく」という意味を持つのです。

そして、人のためにやるのだけれど、実は自分のためにもなっている活動であるということに気づきます。「自分の力がこんなところで生きている。人のため、街のために始めたことだけれど、やっているうちに自分のなかでいろいろな変化が起きてきた。今は自然によい気分で自分のためにもこの活動をしている」という気持ちを味わい、それによって人とのよい交流が増え、また、自分の力を強く感じるようになれば、**自己実現性**が高まります。歩くことによって健康になるということも加わりますね。

他人も、自分も笑顔にするボランティア活動

親が率先してやっている姿を見せれば、子どもは次第に興味を持ち、行動に移します。子どもでも参加できる活動に連れていったり、一緒に参加したりするのもよいでしょう。

ボランティア活動は、子どもたちに社会の一員としての権利と義務について教えられる、とてもよい機会になります。

活動後の話でよく聞いたのは、「ボランティア活動で、初めて利害関係のない人と人との繋がりを感じることができた」でした。他者との交流のなかで共感性が育まれていきます。

私も、同じように感じました。ボランティアメンバーとのかかわりのなかで、自分の性格面を再発見できたこと、日常生活のなかで人間関係が好ましい方向に変わったこと、さらに自分の知識、経験、技術を生かす場所が広がったこと、人や地域に貢献しようという気持ちがこの年齢になってもまだ新たに芽生えてくること、人が喜んでいる姿を見て自分も嬉しくなったことなどです。

ボランティア活動をすることによって身につく利他性、自己実現の感覚によって、人間形成が促進するのは間違いありません。

阪神淡路大震災以後、ボランティア活動に参加する人が飛躍的に増えていますが、体験がまた次の体験に繋がっていくからでしょう。それは自分のなかに何か変化が起きたことを知るからだと思います。企業でもボランティア体験を社員に勧めているところがあります。

もし今まで、対価を得る活動しか興味がないという人がいたら、何かが欠けたままで、一生を終えてしまう人かもしれません。

ボランティア活動によって、個人でも企業でも、社会の一員であるという認識を持ち、責任を果たせば、共感と円熟の域に達することができるでしょう。

「NPO健康心理教育実践センター」は、各年齢層の健康増進と疾病予防に関する活動に取り組んでいます。子どもから高齢者まで、人生を移行していく発達段階で、家庭、職場、教育の場など、各生活の場で生じるストレスに対処し、人々が健康で生き生きと過ごしていくための生活習慣を進めていく実践活動です。

「全国少年警察ボランティア協会」は、次代を担う若者たちが希望を持って成長していくように願い、少年の健全育成と非行防止に関する活動に取り組んでいます。街頭補導をはじめ、非行からの立ち直り支援などに工夫を凝らします。

私が当時の学生と一緒に試行錯誤しながら立ち上げを担った「大学生によるボランティア活動」も大きく広がりました。学生がお兄さんお姉さんの立場で少年たちのサポートをして成果を上げているので嬉しいことです。

これまで両方の活動には、主に健康心理学の立場から参画してきました。今後、理論基盤を整える研修や勉強会に加えて、音楽や人形劇なども取り入れた総合的なプログラムに発展させて、楽しい活動にしていきたいと思います。

これからのチャレンジは、「自分のために感動を！」

そして、「社会貢献の活動で他者と共感体験を！」だと思います。

第2章

50歳から強化する四つの習慣

「マイ・プロジェクト」である自分と社会のためのテーマを決めたら、具体的な準備を始めていきましょう。目標を達成するために、今、自分の持っている資源だけで実現可能ですか？

人生の折り返しでもある50歳は、20代や30代のときとは違って、体力、集中力、筋力、脳力、精神力などの主要な力が衰えていくのを感じる時期かもしれません。でも、今の時代であれば、まだまだその力を維持し、これから進歩するものを加えていくことができるのです。

医者は病状快復のために薬の処方や手術などの手段を用います。現状を改善するためにお金をかけて新しい道具や機器を買ったりする分野もあります。でも、ここでは、自分の感情と思考と行動に働きかけて、動機を高め、具体的な実践方法を考えます。

よい行動習慣をつけるための、自分で自分に出す処方箋と自分で作る習慣の話です。

変化が激しい社会のなかで、その変化に対応するには、まずその変化を敏感に察知し、気づいた変化に対応して、自分から新しい行動を起こさなければなりません。そのときには、チェンジ・システムを叫ぶのではなく、まず、チェンジ・マイセルフです。他人や状況を変えてくれと要求するのではなく、自分を変えるのですから、自分がその気になれば、変化に対応する力は実行可能で習得可能なのです。

変化に対応するときに、目標達成に役立ち、これからの人生でも大いに効果が期待できる心構えを紹介します。これらは最新の健康心理学の知見を基盤にしています。

まず、自分の資源を点検しましょう。これは、自分の感じ方、考え方、行動の傾向を知り、自分が用いることができる自身の力を点検することです。自分が何にかかわれるか、さらに必要なものがあればそれを調達してくる力も必要になるでしょう。

有形、無形の資源があります。経済力も大事ですが、ここでは、逆境に陥ったときの対応のため、ストレスを味方にするため、いつも溌剌としているため、そしてポジティブに生きるための理論と実践法を挙げます。これらはさまざまな領域に顔を出して、お互いに関連し助け合い、効果を上げてくれます。

自分の心の持ち方、考え方、行動の傾向を点検し、必要なことは自分のレパートリーに取り入れ、感動と共感も高めていく心構えをしましょう。

以下は、基本の４本柱で、心と身体と人間関係のハーモニーのための処方箋と習慣術です。

1．認知を変える
2．行動を変える
3．自己効力感を高める
4．ストレスを力に変える

1 認知を変える

認知を変える三つの方法

認知とは、外界にある対象を知覚し、経験や記憶、知識などからの考察に基づいてそれを解釈することです。つまり、あることに対する考え方、見方、捉え方、受け止め方です。最近よく言われている「認知を変える」とは、ひと言でいうと、考え方を変えるということです。

私たちは、小さいときから、それぞれの経験から取り入れた、「〜しなければならない」「〜すべきだ」という自分の考えを持ち続けてきました。その考え方、見方、捉え方、受け止め方は、行動にも表れています。年を重ねるとその傾向はますます強くなり、考えを変えない、他人の話に耳を傾けない、自分の意見を押し通すなど、「頑固な人」になってしまいます。

固定観念に縛られず、「こんな考え方もできるね」と相手を受け入れるのは、逃げることでも負けることでもありません。現実は見方次第で大きく変わるという真実です。

認知を変えることで、直面している状況を変えるということは、自分を大きく変えることになる大事な作業です。特に、社会的な問題だったり厄介な相手がいたりする場合、自分では動かせない、あるいは、にっちもさっちもいかない状況になることもあります。そのようなときには、前進できるような考え方に自分自身を変えて、進んでいこうということなのです。

その① ポジティブな意味づけをする

「ピンチをチャンスに！」とよく言われますが、これは意味づけを変えることです。経験したことの解釈の枠組みを変えてみましょう。長所に光を当てると短所は目立たなくなります。オセロゲームの両端を抑えるとその間が全部変わるように、黒は白になります。

最近の傾向であるポジティブ心理学は、従来の心理学で研究されてきた不安、恐怖、怒り、攻撃など、物事のネガティブな側面に目を向けるよりも、愛情、希望、楽観性、ユーモアなどの側面に焦点を当てて、ポジティブな個人資源の開発とポジティブな共存の社会を目指すものです。自分や周囲の人たちのよい面を見ることができ、両面ある物事の明るい部分に焦点を当てることができるという能力も含みます。

このポジティブ心理学の姿勢は、生活習慣病の予防や疾病の快復という作業にも役立つという研究結果が出ています。

日常の生活のなかで、ポジティブであるということは、子どもや部下の生きる力、仕事をする力の強化に大きな影響を与えます。この姿勢を育てていくことは、高齢者となったときに自分の人生を黄金期としてまとめるためにも役立ちそうです。

「老後を変える」ことで、老いはポジティブ！　長寿化は憂鬱でなく恩恵と考え、健康寿命を延ばしましょう。

アメリカの心理学者でポジティブ心理学創始者であるマーティン・セリグマンさえ、最初はネガティブな心理の研究をしていたのですから、私たちは、考え方はいろいろ変わってもよいのです。思考が変われば幸福度は上がると思えばよいでしょう。

さて、このポジティブ心理学を提唱したセリグマンは、以前は「学習性無力感」の研究をしていました。ビリビリと不規則に電流が通じる檻のなかでいくら逃げ回っても無駄と悟った（？）ねずみは、もう逃げずにうずくまってしまいます。人間も、いくら努力しても報われない結果ばかりだとやる気をなくしてしまう、ということです。そのようなことの繰り返しの結果、もう駄目だと考えることが習慣になってしまうという一例ですね。

そのセリグマンが、著書『Ｌｅａｒｎｅｄ Ｏｐｔｉｍｉｓｍ』で同じ原理を別の方向に用いたことを述べています。私は大変興味深く感じました。訳書では『オプティミストはなぜ成功するか』（パンローリング刊）という題名になっていますが、ペシミスト（悲観主義者）は、オプティミスト（楽観主義者）よりも簡単にあきらめ、職場でもスポーツでも政治の場でも能力以下の成績しか上げられないと述べています。健康状態にも影響を与えていることが多いそうです。

建設的な楽観主義者は、ポジティブな面を容易に思いついたり、受け入れたりすることができるのでしょう。たとえ叱られても、そこに励まされている要素を見出し、厳しく接する上司には、きっと選ばれて鍛えられているのだろうと解釈し頑張ります。

彼の著書には、楽観主義が健康に有益であることが示されていますが、次の四つのヒントは、特に高齢者がいろいろなことにチャレンジしていくときに役立ちそうです。

楽観主義者は、

① **免疫機能を高める**――無力感を身につけたネズミには潰瘍ができた

② **健康のために摂生する**――悲観主義者は自分で病気を防ぐことはできな

いと思ってしまう

③ **不幸な出来事に出合ったと感じることが少ない**――不幸感は病気を引き起こしやすい

④ **社会的なバックアップを得られる**――他者と親密な友情と愛情を保てる

悲観主義は変えることができます。幸いなことに楽観主義は、物事をポジティブな意味づけにすることで身につけることができるのです。

その② 理性的になること

理性的であるとは、人生を前に向かって進められる考え方ができることです。自分の計画がうまくいかないときに、「自分は駄目だ」と思わずに、まずは「自分が駄目なのではない」と思いなおしましょう。柔軟な受け止め方、心を強く保つ考え方ができるようにすることが必要です。

私たちは、「何かしなければならない」「何々すべきだ」と考えて、物事を始めることも多いのですが、それが思うように進んでいないと途中でイライラしたり、自分に対する自信をなくし「自分は駄目だ」と落ち込んだり、活動自体が意味のないものとさえ思ってしまうことがあります。

この考え方のもとになっているのはヨーロッパやアジアの哲学と、学習・行動理論を主にした心理学です。ギリシャの哲学者エピクテトスは、「人の心を悩ますものは、出来事そのものではなく、その人の出来事に対する判断である」と述べています。このように、出来事に対する結果の感情は、その人の思い込みによって生じます。

したがって思い込みや考え方を変え、理性的な考え方（目標に向かって前進していく考え方）を訓練し身につけていけば、自分の気持ちを害することなく、物事を進めていけるようになります。

その③　怒りをコントロールする

認知を変えることはいろいろなところで役立ちます。人生を左右する、怒りのコントロールに最適です。

怒りについて考えたとき、その怒りをうまく処理する方法は、「怒りの原因は過去にあり」と、あなたを不幸で怒りっぽい人間にした古い傷口に戻って、それを癒すことでしょうか？

それとも、「いや、過去は関係ない！」と考え、あなたを怒らせている現在の仕事や状況を変えれば、幸せで健康な生活ができるようになるでしょうか？

これは、どちらも間違った解決法です。

今よく言われている方法には、怒りの処理に関する間違った思い込みがあります。怒りの問題で助けを求めるクライエントが間違えて思い込んでいることとして、以下が挙げられます。

① 怒りは表出するとよい。そうすれば怒りは減少し、怒りの感情のガス抜

きになる

② 怒ったときには、タイムアウト。怒りそうになる状況の回避や逃避を試みる

③ 怒ることで、自分がほしいものを獲得できる

④ 過去への洞察を行う。それは怒りを減少させることになる

⑤ 私を怒らせているのは、外界の出来事である

しかし、真に役立つ方法は、人や状況などの対象に対してなぜ怒っているのかその理由を検討し、本当に怒るべきかどうか、再検討することです。多くの場合、その対象に対して怒り続けていても何もよいことがないことに気づきます。むしろ、どのような要求に対して怒っているのかわかると、そんなに怒る必要はないと考えが変わってくることが多いようです。

怒りの対象は、人によって、文化によってさまざまですが、情動のひとつである怒りは、人を非難し、大事な人や職場の人間関係を損ないます。困難な状況をさらに悪化させ、怒りは攻撃を点火し、心臓疾患を引き起こすという結果

をもたらすこともあります。

しかし、アルバート・エリスの理性感情行動療法（ＲＥＢＴ）を用いれば、怒りに対してよりよいアプローチをすることができます。ネガティブな考え方、感情、行動を変えることで、怒りを最小化し、よりよい人生を送ることができるのです。


ＲＥＢＴは、人が攻撃的になるのではなく、きちんとした主張ができるようになることを求めています。他者が自分を怒らせているのではなく、多くの場合、自分自身の考え方が敵対心を作り出しているのだというＲＥＢＴの原則を理解すれば、激怒や激情を乗り越える訓練を進めていくことができます。

怒りをなくす必要はありません。

その不快な感情を受け入れ、受容することによって自分自身を救うこともできます。しかもこのステップまで到達すれば、怒りの最中に「自分は駄目だ」と自己を非難してしまう傾向を、強い意志で拒むことができます。

さらに、問題解決の方向で考え、人生の不公平さを恐ろしいことだと思わず、世の中や人々に対して感じる怒りをもっと許容することができます。

怒りを認めずに押し殺してはいけません。自分が怒っていることに気づくことは大切です。でも、いつまでも自分のなかにとどめておくと身体のなかに毒素が回りかねませんから、考え方を変えてなるべく早くその状態から脱出しましょう。

2

行動を変える

行動を変える七つの方法

行動は、自分でも他者からも見えます。つまり変わったことがよくわかります。感情や思考よりも先に効果を感じることができるので、何かを始めたり変えたりする切り口として、最初に取り組んでみるのがお勧めです。
行動を変えるためには、とにかく自分を動かしてみなければ、何も始まりません。

ここでは、ボランティア活動の例でイメージを浮かべてみました。
東京都の「安全安心まちづくり」のボランティア活動は、十数団体で始まったものが約39913団体（平成28年度末）に拡大されています。
以下、行動を変える七つの方法に載せて表してみました。

その① 動機を高める

行動を変えるうえで最も威力を発揮するのは、そうなりたいという欲求です。このようになりたい、このように行動したいと思うことを、自分で強く決心して、頭のなかでイメージし、達成できたときには自分がどうなっているかを想像します。その目標実現を繰り返し強く望むのです。これが行動を変える出発点になります。

行動を起こすときには、動機を高めます。

たとえば、「子どもや孫が犯罪に遭わないように、自分たちの街を自分たちで守りたい！　それに自分がかかわってみたい」というように、目標に向かうための自分自身の温度、つまり気持ちを高めることです。

動機を高めることは、目標設定力の開発に繋がります。

その② 環境を整える

私たちの行動は一方的に環境の影響を受けているわけではありませんが、実際には環境的要因は行動にかなり大きな影響を与えます。行動するために必要なものを近くに置いたり、妨げになるものを片づけたり、サポートが必要な人を探したりして環境を整えるのは大切なことです。目標が達成できるように物理的、心理的、社会的な環境を整えます。活動するために必要な人員、道具や資料の整備、アンケート調査なども含みます。

環境を整えることは、周到性、計画力を高めることに繋がります。

その③　抑制を弱める

「～せねばならぬ」「～してはいけない」と自分を抑えているためにやりたいことができないときがあります。自分の言葉だけでなく親や他人の言葉も自分を縛ります。望む行動をさせないように頭を締めつけている輪があればそれを取り外すのです。自分を制限している心理的障害物を取り除けば、プレッシャーのかからない状況下で、より効果的に行動できます。

「～してはいけない」と心を縛っていたものを取り除けば、自分の目標とする行動を起こしやすいようにするばかりでなく、社会を変えていくことにも繋がっていきます。

たとえば、子どもたちを守る夜のボランティア活動に参加したいと思っていても、主婦の夜の外出には暗黙の規制があります。

しかし団体で行動し、活動の成果が大きくなれば、批判する人も少なくなり、主婦が夜外出することに対する縛りもほどけていきます。

抑制を弱めることは、自己点検力、実行力を増すことに繋がります。

その④　教示

教示とは簡単に言えば的確に教わることです。効果的なインストラクション（指示）によって新しい行動が起きたり、行動が変容したりします。「ああして、そうすると、こうなる！」与えられた指示通りにやってみることです。

たとえば、「～するとよいボランティア団体を作ることができる」「区役所へ行ってこういう届け出をしておくとよい」「警察署でこのような許可をもらったら活動しやすかった」というようにやり方を教えてもらうことによって、共感、協働する人の活動団体ができあがります。

教示は、実行力の開発に繋がります。

その⑤　モデリング

モデリングとは他人をお手本にすることです。人間は、人の行動を観察することによって学習する能力を持っています。自分が直接経験することのできる時間や手段は限られています。人の表現したものから、自らの行動に関する多量の情報をつかみ取ることができるのですから、こうなりたいと思える人をモデルにして、その人の行動を真似してみましょう。学ぶことは、真似ることでもあります。モデルの行動をしっかりと咀嚼していけば、最初は「真似」であっても、自分のなかでオリジナルのものに発展していきます。

目指す行動を行っている人やよい活動をしている団体を見て、そのやり方を真似てみましょう。

たとえば、「隣街では、みな、目立つように、防犯パトロールと書かれたジャケットを着て、道路の清掃をし、違法ポスターをはがしていた」と実際のモデル例を見ると、「あれなら私たちの街でもできる！」と効果的に活動を始められるという方法です。

モデリングは、社会的学習力を高めることに繋がります。

その⑥　試行錯誤

目標に向かって直線的に進められれば効率はよいですが、そううまくはいかないことのほうが多いですね。

よく迷路の脱出の例として使われますが、行動の過程における試行錯誤は無駄ではありません。学習能力によって、間違った行為は忘れられ、正しい行動だけが記憶されるのです。その結果、成功した行動のパターンだけがその後活用されることになります。長い目で成長ということを考えれば、物事を進めていく過程には失敗や誤りも必要になります。

いろいろな方法を試してみてよい方法にたどり着くことがあります。

たとえば、「小学校の付近で、連れ去りや、子どもに声をかける変質者が出没しているそうだ。何とかして親の力で子どもを守れないだろうか。学校の登校時間に私たちが出て見てみよう。でも､朝の時間は忙しいから毎日は難しい。グループを決めて3班か4班に分けて交替制にしようか。やってみよう」など、この方法で実行してみてうまくいかなかったら次の方法でと、ひとつの課題に対して試行錯誤しながら取り組んでいくうちに、最適の形ができていきます。

試行錯誤は、自己点検力、実行力の向上に繋がります。

その⑦　強制

身につけなければならない行動へのためらいがあるときには、有無を言わせずやらせることも必要です。お酒やたばこに対してのドクターストップなどはよい例です。ただし、行動はできるだけ自発的に行うほうが長続きし、逆戻りも少ないということを踏まえておかなければなりません。

命令や指示から始まる行動もしっかりしたきっかけになります。

たとえば、「この地区にこのようなものを作ってください」という住民からの強い要望、防犯協会や警察からきた依頼などのように突然指示されて、ひとつの団体ができあがることもあります。

強制は、実行力を強化することに繋がります。

さて、望ましい行動変容に向けて、これらの方法を実行していくときに共通していることは、定めた目標に関するイメージを生かすこと、そしてリラクセーションを伴わせること。つまり、その最中にほんのりと楽しい、ゆったりした気分を混ぜることです。

私が心がけていたのは、頭のなかでその行動が仕上がった自分をイメージすること、心のなかで好きな音楽を流すことでした。

3

自己効力感を高める

自己効力感を高める四つの方法

ある年の春から夏にかけて大きな仕事が続き、休む間もなく、疲れきっていました。締め切りぎりぎりに原稿を仕上げたり、調査結果をまとめたり、夜遅くまで会議や打ち合わせでの議論、そして海外出張も入り、「間に合うかな」「できるかな」と思うことが多い日々でした。疲労感が増すとともに、自信も揺らぎ始めました。

そんなとき、私は書棚の引き出しのなかから、小学校から高校時代の写真の束を見つけたのです。それを眺めているうちに、文化祭、発表会、表彰式などさまざまな行事の思い出が浮かんできました。さらに小さいときからの「これもやった」「あれもできた」という追体験をし、そのときの嬉しさや感動も甦りました。

紐を手繰るようにして取り出した過去の体験は、きっと今もやれるに違いないという自信を呼び起こし、私は「よし！」と再び大きく息を吸ったのでした。

自己効力感とは、「自分がやろうと思っていることは必ずできるに違いないという、自分に対する信頼や確信、肯定的な感情を持つことであり、実現可能性に関する信念と感覚（バンデューラ）」です。自分の行為によって望ましい効果を生み出すことができると信じることによって、行動しようという気持ちになります。この信念は、その人の選択、願望、努力、逆境からの回復、ストレスや抑うつを乗り越えるときに影響を与えます。

この「自分は目的を達成できるのだ」と信じる自己効力感が高い人は、成功のシナリオを描き、物事を成し遂げます。個人の目標設定は、能力の自己評価に影響されるので、自己効力を強く認識するほど、より高い目標を自分のために設定して挑戦します。

自分の効力に疑いを持っている人は、失敗のシナリオを描き、多くの事柄が悪い方向へ進むのではないかと考えてしまいます。重い負担がかかった困難な状況を処理しなければならないような任務に直面すると、考え方は揺らぎ、意気は低下し、作業の質も悪化していきます。

自己効力感は以下のようにして育てていくことができます。

その① 成功体験を重ねる

日々の生活のなかで、難し過ぎる挑戦だと挫折の体験になってしまうので、小さなことでもよいからちょっぴり努力が必要な、少し難しい課題や目標を掲げて、それをやってみることです。その体験によってあのときもできた、このときもできたという成功体験が頭に残ります。そうすると、何か新しいことに出合ったときにも、自分はきっとできるに違いないという気持ちになるのです。

夜寝つく前のほんの1～2分の間、小さいときからの自己効力感を感じたことを思い出すのも効果がありました。

その② モデルを見つけて真似をする

これは、成功や失敗の様子を観察することによって自分もできるようになることです。

私が「人の真似をする」ことで思い出すのは、高校1年生から始めたクラシックバレエに夢中になっていた頃のことです。大学の受験勉強を始めた同級生がお稽古事をやめる時期に、私は親の反対を押しきって小さいときからの夢をかなえようとしていたので、週2回のレッスンには何よりも熱心に通っていました。

バレエ団の「白鳥の湖」の公演での練習時には、先生方の踊りをけいこ場の隅の床に座って見続け、音楽や振りつけをすっかり覚えるほどでした。踊りが素敵で憧れていた先生の、顎の上げ具合や、曲のどこで息を止めているのか、よく観察して真似をしていた記憶があります。

その結果、めでたく昇級試験に通り、大人のバレエ団に入ってからは、その先生の踊りをそばで見る機会が増え、そのうちに私も公演にたびたび出られるようになりました。

自分のしたいことを実践している人の行動を観察して、それをモデルにして模倣しているうちにできるようになることをモデリングと言います。

あの人にできるなら、多分自分もできるに違いないと模倣しているうちにできるようになることもあります。大事なのはよいモデル探しですね。一人で何もかも備えている完璧な人を探すのは大変です。私はそれぞれの分野でお手本にするモデルを探すようにしています。

その③　ほめ言葉を信じる

私の恩師は人をその気にさせるのが上手な先生でした。そんな先生に言われた言葉で印象に残っているのが、「それ、あなたにはできるでしょ」のひと言。そんなときは「この偉い先生がおっしゃるのだから、きっと私はできるのだろう」と頑張れたものです。

たとえば「あなたならこの大学は受かる」「あなたならこの跳び箱を跳べる」「あなたならもっと速く走れる」「タイムが伸びる」「このプロジェクト、君に任せるよ」、これらの、親、先生、コーチ、上司など影響を与える人から励ましを受けることで、「できると言われたのだからできるに違いない」と考え、やっているうちにできるようになっていくのです。

その④　目標達成後のリラックス感を味わう

目標を達成できたことによる喜び、爽快さ、リラックスなど身体的な変化を体感します。山登りの最中「できる、できる」と自分を励ましながらつらい一歩一歩を進め、頂上まで登りきります。そこで眼下に美しい景色が広がっていたり、太陽の昇る光景を目の当たりにしたら……。その体験は疲れを爽快感に置き換えることができます。

大人も子どももみなが自己効力感を育てていくと、それぞれの人が前向きになり、勉強でも、仕事でも、そして社会活動でもどんどん力を発揮していくことができるはずです。「自分は能力がないから駄目」「自分には無理」と思いがちな人、あなたに足りないのは、能力や自信ではなく、「自分はできる」と思い込む力かもしれません。もっと自分に期待してみましょう。

私は、自分が学んだ健康心理学のさまざまな理論や概念のなかで、自己効力感が最も素晴らしい力だと思います。自己効力感が高くなると、こんな変化が起こります。

・**目標が高くなる**――自分の人生をなんとなく「だいたいこんなところまでだろう」と行き着く天井を低く想定していないでしょうか。私は、健康心理学を学んで、今までの自分の結果に合わせて設定していたその天井を限りなく高いところに上げるようになりました。可能性を広げるのは自分次第です。

・**物事に意欲が湧く**――「自分には何かを成し遂げる基礎能力がある」という感覚が芽生えるので、目指す課題に取り組む意欲が湧いてきます。

・**自己効力感を周囲にも広げていく**――自分のチャレンジする姿勢がまわりにも伝わっていくのは嬉しいものです。より一層チャレンジして自己効力が高まってきます。

昔も今も、不安や怒りなどの感情は生きていくうえで避けることはできません。むしろ、感情豊かで、いろいろなことに関心を持つ人ほど、心を乱され、悩むような場に直面することが多いものだと思います。

そのような状況に出合っても、健康を保ち、楽しく過ごしていくには、その感情をいったん自覚したあと、できるだけ早くそのネガティブな状態から脱出することです。今は、その力を自分が持っていると信じることができます。

家庭では親として子どもに自分の姿勢を伝えることができたら嬉しいですね。外部の問題のためにいろいろ環境を整えることも大切ですが、より重要なことは、親が子どものやりたいことを見つけ、ストレスを乗り越え、子どもが目標に向かって生き生きと過ごすことができるように、家庭のなかで自己効力感を身につける場を与えることです。

それには、親自らが実践し、その姿を子どもに見せることが大切です。目標を定め、困難を乗り越え、自分の力を最大限に発揮している楽しげな親の姿を見せれば、子どももそのように育っていきます。

「大変じゃないの?」と言われるような国際会議などの大きな仕事でも、小さな自己効力感を積み重ねていくうちに、私は楽しく取り組めるようになりました。自信過剰の挑戦ではありません。一生懸命やっただけの結果は出ると信じられるようになったからだと思います。

ボランティアの活動で考えてみると、自己効力感は、「自分はこの街を守ろうと思って参加したのであり、守っていく力があるのだ」と信じることです。個人の効力感は、「自分たちの街は自分たちで守ることができる。目標を達成することができる」というグループ全体の効力感の強化となっていきます。歩きながらすれ違う人たちからの「ありがとう」「ご苦労さまです」「本当に助かります」という言葉も励ましになります。

「電球が切れている電柱はあるかな、暗い茂みは子どもたちが通っても大丈夫かな」と、そうやって歩いていく日々の努力が、自分たちの街を守る、自分たちにそれができるに違いないという気持ちが強まり、その信念を持って再び街に出て行くというよい循環ができてきます。

小さなことの積み重ねで、街も自己効力感も育っていきます。

4 ストレスを力に変える

ストレスはあまりよくないことのように扱われていますが、視点を変えてみると、実は、そのストレス状況をどのように過ごすかによっては、逆に私たちを強く育てるための大きな味方にもなるのです。

ストレスを乗り越えるためには、ストレスのメカニズムを知り、ストレスフルな出来事に対する対処法の選択肢を増やしていくことが重要です。

もし、人生を歩んでいく途中で、よくも悪くも自分に降りかかってくることをストレスとして捉えるならば、その対処法を身につけることで、怖いものはほぼなくなります。

ストレッサーというのは、私たちに対して圧力をかけてくるもので、ストレス状態を引き起こす原因となっているものです。それを自分にとって害を及ぼすのか、それとも大丈夫かと一瞬に判断するわけですが、「これは大丈夫だ」と受け止めると、悪い影響は生じません。「このストレッサーは自分にとって有害である、何とかしなければ大変だ」、と受け止めると、私たちは対処という行動をとります。ストレッサーに上手に対処できないと、心身症になったり、時には校内暴力や家庭内暴力などの問題行動を起こしたりする場合もあります。

では、ストレスに強くなるにはどうすればいいでしょうか。
ストレスは課題や役割をはじめ、環境からも生じます。ですから、個人でも、集団でも、家庭や社会のなかでも、柔軟にストレスに対処をする必要があります。さまざまなストレスに対処し、上手に乗り越えていくためには、それぞれの人の行動や考え方を変えていくことで可能になるのです。

ストレスのメカニズムを知る

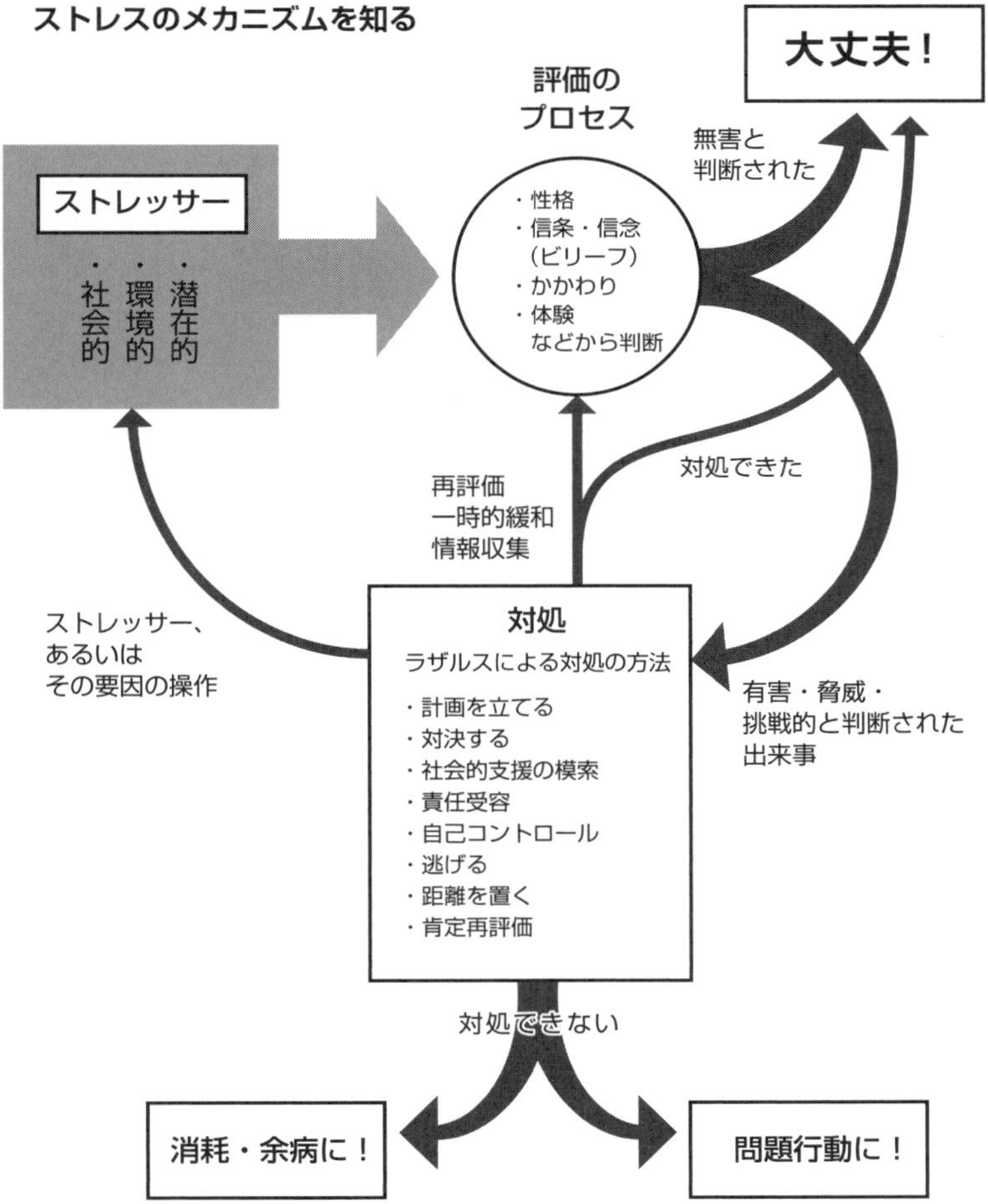

（「健康心理学」より改図）

ストレスを力に変える八つの方法

問題解決の突破口がひとつしかないのと複数あるのとでは、心の余裕が違います。ストレスへの対処法も同じです。自分を開発するつもりで、未経験のやり方も試してみましょう。対処法のレパートリーを増やして、問題に対応した効果的な対処法をとれるようになりたいですね。

私も、最初はこのうちのいくつかに偏っていましたが、現在は問題に応じてどの対処法がよいのか考えて対処することが上手になっています。

基本は以下の八つです。

その① しっかりとした計画を立てて臨む――計画型

仕事がうまくいかないときなど、あらゆる方向からその理由を検討し、うまくいくように計画を立てる。問題の解決のために、計画的でさまざまな方法を用いて検討する。あの場合、この場合と着実にステップを考えていく。

その② 勇気を持って対決する――対決型

困難な仕事を命じられてストレスを感じたときに、その仕事をやり通すことによってストレスから解放される。あるいは人に頼まれたことを断れないためストレスを感じている人は勇気を出して断る。危険や失敗を承知のうえで積極的に問題にぶつかる。物事に対峙する方法で解決する。

その③ 素直に人に助けを求める――社会的支援模索型

他人や専門家などの援助を求める。自分だけで解決しようとせずに助けになる人を探す。人を頼ることも大切であると考える。

その④　自分の行動に責任を持つ――責任受容型

責任が自分にあるときはそれを自覚し、反省し、謝罪する。潔く引き受ける。責任感を持って実行する。

その⑤　自分の心のバランスを保つ――自己コントロール型

自分の感情や行動をコントロールする。他人の気分を害さずに自分の感情をコントロールしながら、調和を保っていく。

その⑥　逃げることも時には必要だと思う――逃避型

場合によっては問題から逃げる。食物、嗜好品などでまぎらわす。

ストレスを力に変える八つの方法

その① 計画型

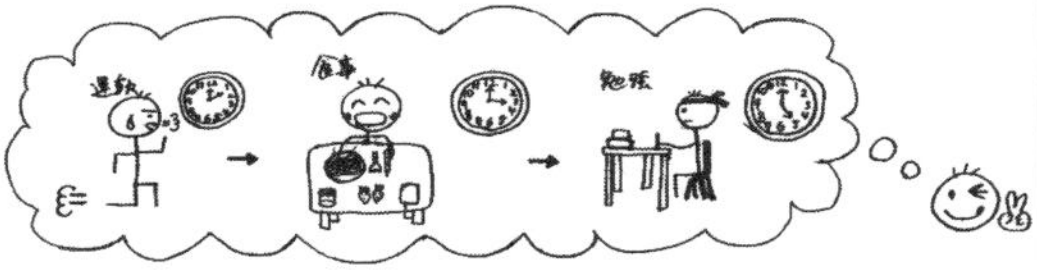

しっかりした計画を立てて臨む

その② 対決型

勇気を持って
対決する

その③ 社会的支援模索型

自分だけで
解決しようとせず、
素直に助けを求める

その④ 責任受容型

自分の行動に責任を持つ

その⑤ 自己コントロール型

自分の感情や行動をコントロールし、調和を保つ

その⑥ 逃避型

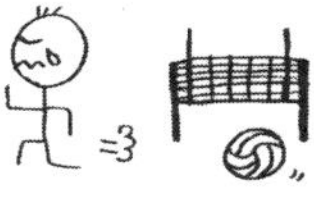

場合によっては
問題から逃げる

その⑦ 隔離型

問題から離れて
頭から切り離す

その⑧ 肯定再評価型

努力は実ると考える

その⑦　その問題から少し離れてみる――隔離型

時間が経てば解決するような場合、しばしそのことを頭から切り離す。距離を置く。

その⑧　一生懸命取り組めば努力は実ると考える――肯定再評価型

自分のどこが悪かったのかがわかり、成長できた。今度はもう失敗しないと困難を解決するプロセスを高く評価する。困難な時期を乗り越えれば、あとは実りが出てくるだろうと考える。今やっていることが苦しくても、そのことをその後の成長に結びつける。

この八つの対処法には、よい、悪いはなく、用いる順番が決まっているわけでもありません。その時々の問題や状況に合った適切な対処法を使えることが大切なのです。対処法のレパートリーを増やし、まだ使っていない自分の力を見つけましょう。

レジリエンス―「挫折から立ち直る力」は習得できる

最近、ストレスの概念と関連させて、「レジリエンス」が注目されてきました。レジリエンスとは、外力による歪みを跳ね返す力のことであり、精神的回復力、抵抗力、復元力、耐久性、感情調整、新奇性追求、肯定的な未来志向などを含む言葉です。これらは、極度の不利な状況に直面しても、正常な平衡状態を維持し、挫折から立ち直ることができる力のことです。

次の三つの段階を踏めば、レジリエンスは習得可能なのです！

第1段階　ストレスや失敗、逆境後に精神が深く落ち込む
↓
第2段階　落ち込んだ気持ちをもとの状態に回復させる
↓
第3段階　困難を乗り越えた経験を振り返り、意味を学び成長に向かう

外傷的体験にさらされても、そのすべての人がＰＴＳＤ（心的外傷後ストレス障害）になるわけではありません。ＰＴＳＤになる人とならない人の差は、レジリエンスがどうであるかということによります。

レジリエンスとストレス対処は大きなかかわりを持っています。落ち込んだどん底のところで、柔軟にいろいろなストレス対処方法を用いることができるようになれば、レジリエンスを高められるといえるでしょう。

ストレスに強い人と弱い人の違い

人は何か悲しいことがあったり、ストレスで耐えられなくなったりすると、普通ネガティブな気持ちになりますが、この落ち込みをいかに前向きに変えていけるかが重要です。

たとえば、仕事で上手くいかなかったとき、恋人と別れたとき、大切な人の死と対面したときなど、そのような苦しい状態から早く立ち直ることができますか？　何かで失敗しても、その体験から大切なことを得ることができ、さらに前に進むことができますか？

レジリエンスの低い人は、何かあると激しく落ち込んだりイライラしたりして、心のエネルギーをすぐに消耗してしまいます。ですので、立ち直るのに時間がかかったり、メンタル面でうつ状態を引き起こしたり、精神疾患にかかってしまうなどストレスに負けてしまいやすいのです。

一方、レジリエンスの高い人は、物事を楽観的に捉えることができるため、外部からのストレスや社会の変化などにもうまく対応することができます。落ち込むことがあっても「きっと大丈夫」とすぐに立ち直る心の強さがあり、まわりに気軽に相談することができるので情緒不安定になることが少ないのです。

レジリエンスの本質は、想定外のことが起きてダメージを免れることができなかったときに、いったん落ち込んでも、そこから回復し、再起して、より強くなることができるかを問うものであると考えられます。

では、個人でも集団（組織）でも、どのようにすればレジリエンスを高めることができるのでしょう。方法としては、ネガティブ感情をポジティブ感情に変換することです。この変換によって、レジリエンスも高められます。これは、心理学におけるストレス対処の肯定的な再評価と重なりますね。

いろいろな心理療法的アプローチが試みられていますが、アルバート・エリスの認知の働きを重視するＲＥＢＴ理論の基盤となっている「人生の哲学」を理解することが効果的です。逆境、ストレスなどで落ち込んだとき、「自分がこのようなひどい目に遭ったとしても、この世の終わりではない。苦しかったり、不便だったり、くやしかったり、悲しかったとしてもがまんできる。誰でもいろいろな体験をする。そして立ち直っているのだ！」

ここに前述の自己効力感が加われば、「あのときも大変だったけれど、乗り越えることができた。だから、今回もきっと！」と前に進んでいくことができます。

REBTの理論に流れる、人間の本質つまり人間の生まれ持った傾向、「人は誰でも非理性的な考え方に陥りやすいものである。だが、それを理性的な考え方に変える力を持っている」ことを知ることです。

人間の弱さに対する温かい気持ちを持つことがクライエントの行動の変容を促進することになります。理性的な考え方とは、「目的達成を助ける」考え方です。非理性的な考え方とは「その目標達成を妨げる」考え方なのです。

心を強くする処方箋と習慣術35カ条

心を強くする考え方というのは、ボランティア活動でも実証済みです。

たとえば、「私たち団体の活動で、1年以内に犯罪を絶対に半分に減らすのだ！……でも、達成できなかった」というときに、人によっては、「もう駄目だ」とか、「効果がないからやめてしまおう」と思いがちです。そういうときに、「～でなければもう駄目だ」「～でなければならない」という非常に強い思い込みに代わる言葉として、「こうなればいいな」と願う気持ちに切り替えましょう。うまくいかなくても、思うような結果が出なくても、そのときが先に延びたのだと思えばよいではないでしょうか。

「処方箋」と「習慣術」は、20年ぐらい前の自書のタイトルとして使ったのですが、効果があったとフィードバックをいただいたもの、「こういう人になりたい！」と私自身が実践したもの、そして、最新のサポート理論を加えて挙げてみました。

以下は、心を強くする処方箋と習慣術の35カ条です。

①自分を否定しても何も生まれません。いやな自分と思ってもそこから逃げず、「それも自分」と受け入れると、解決の糸口が見えてきます。

②人には言えない欲求に襲われても、自分の恥ずかしいホンネを素直に認めてあげましょう。無理に抑え込むから不満が募り、徐々に思考も歪み、人間関係もうまくいかなくなるのです。

③自分に自信が持てないときに、周囲の評価を気にして「自分はできない」「駄目だ」と卑下するなんてもったいない。世の中に完全な人間などいないのだと考えなおしましょう。

④悩み解消のコツは、深く考え込まずに悩みを紙に書き出してみることです。自分の置かれている状況が見え、心のもやもやが自然と落ち着いてくるはずです。

⑤深刻な問題や大きな問題を抱えているときこそ笑いが必要です。距離を置いて自分を悲劇の主人公だと思うと、笑えるようになります。

⑥自分の劣等感をときには思いきって人に話してみましょう。周囲はあなた

が悩む欠点をそれほど気にしていないことに気づくはずです。

⑦部下に対して常に「できる上司」を装う必要はありません。むしろ「駄目な自分」の部分を出すことで関係が深まることもあるのです。

⑧あがり症の人は、プレゼンやスピーチでは「失敗を恐れる」よりも「いかにベストを尽くすか」を考えて行動しましょう。おのずと結果もついてきます。

⑨完璧主義の人がすべてを完璧にこなそうとすると、必ずどこかで破綻します。スーパーマンではないのだから、もっと肩の力を抜いて。

⑩人目が気になる人は、「世間の人は自分のことで手いっぱい、いちいち他人のことなど見ていない」ことに気づきましょう。

⑪同じ悩みを抱える人が集う「〜会」に入ることは、大きな心の支えとなります。辛いときは愚痴をこぼしてもよいのです。

⑫以前の情熱がうすれてしまったときは、初心を貫くことにこだわりすぎないように。人も状況も変わるからです。今の自分を見つめ、その時点でベストの選択をすればよいのです。

⑬「心変わり」は大いなる飛躍のチャンス。自分の心も人の心も、時間が経てば変わって当然と認める。思いきって軌道修正すれば、新たな楽しみ、新たな成功が訪れます。

⑭失ったものは自分から捨てたと考える。「こだわり」から解放されたとき、新しい何かが手に入り、そこから未来が開けます。

⑮頭のなかにある楽観的・悲観的な考えを書き出すことを習慣にすれば、心のなかが整理でき、いつも前向きな心でいられます。

⑯「自分は特別な人」と心の底で思っている人は、些細なことにも傷つく。自分の不完全さを認めれば、人にも自分にも優しくなれる。

⑰辛い状況に陥ったら苦しいのは当たり前。でも、必ず終わりは来る。じたばたせず、そして、未来へのステップを少しずつでも踏み続けることです。

⑱映画やスポーツ、本などの感動シーンに触れたり、自分の感動体験を思い出して、心を熱くする習慣を持ちましょう。心身共にすっきりします。

⑲何かを声に出して読むと心のモヤモヤが吐き出され、心に力が戻ってくる。素敵な詩、リズム感のある名文が最適です。私の場合はウイリアム・ワー

ズワースの「草原の輝き」です。

⑳言いたいことを言えない人は、傷つくことを恐れています。気持ちを口に出さなければ、相手は理解してくれなくて当然。恐れずホンネを語れば、相手との関係もぐっと深まります。

㉑気持ちを言葉にして伝えるのは難しいもの。相手がどう受け止めているかわからないから誠意を持って伝えることを習慣にしましょう。

㉒主張訓練の初歩。相手の機嫌をうかがうばかりで自分を主張できない人も、身近な友人や家族にならば感情を言葉にできるのでは？　だったら大丈夫、誰とでも同じようにできます。

㉓頼みごとや断りの返事は誰だって苦手なもの。でも、穏やかに、きちんと理由を説明すれば、むしろ好意を持って受け入れられます。

㉔嫌われまいと「いい人」を演じて自分を押し殺せば、そのツケは心身の病気として現れる。そこまでする必要があるでしょうか。再考を。

㉕他者に、不本意な評価をされたり、悪く言われたりしたときに、何とか相手を変えようと思いたいものですが、うまくいかないときもあります。変

えられないときは、本当の私は違うのに、理解できない人なのだから「あなたにはそう見えるのね」と打ち捨ててしまいましょう。

㉖プレッシャーと勝負しても勝ち目はないので、不安は隠さず言葉に出すと自然と心も落ち着き、打開策も見えてきます。

㉗何かに挑戦するとき、プレッシャーは頼もしい味方になることがあります。臆せず気合を入れることで、大いなるパワーに転じます。

㉘気の進まない仕事ほど真っ先に片づけよう。放置すればするほど問題はふくれ上がり、自分を追い詰める結果になります。

㉙失敗してしまっても必要以上に自分を責めず、他のやり方で再挑戦できる！

㉚「忙しさ」「辛さ」に飲み込まれず、常に心身を整える！

㉛ストレスへの対処法を何パターンも持ち、実行する！

㉜大きな仕事にも小さな仕事にも優先順位をつけ、「自分の時間」を捻出する！

㉝行き詰ったときは、従来のやり方に固執せず、「今までの習慣」を変える！

㉞子どもや部下の長所を引き出しプラスの方向へ導く！
㉟劣等感コンプレックスを持っている場合、人と比較して自分のほうが低い、多い、短い、高い、速い、できない、大きいなどと判断してそれをネガティブに捉えていることを、すべてOKと言い換える。"It's Okay to be small!"「小さいのだ、それでいいのだ！」

日常生活のなかで、気軽に自分の感情、思考・行動に働きかける練習をしてみましょう。

第3章

50歳からは真の健康を目指す

さて、あなたは今、健康ですか？　「病気でないから私は健康！」と考えていませんか？

多くの人は「元気に生活できる身体であること」といった、身体的な健康がまず頭に浮かぶことでしょう。

しかし、健康心理学における健康についての考え方は、「身体的に病気ではない＝健康」と単純に捉えるのではなく、社会において主体性を発揮できることも含み、もっと広義に捉えます。

1 健康とは、いかに自分らしく生きられるか

世界保健機構（WHO）の健康の定義「健康とは、病気、あるいは虚弱でないというだけでなく、身体的にも心理的にも社会的にも完全に良好な状態（ウェルビーイング）である」は、今では高校生も知っています。

WHOの目的は「すべての人間が可能な最高の健康水準に到達すること」であり、「到達し得る最高水準の健康を享受することは基本的人権のひとつである」と宣言しています。

しかし、健康に関する見解は、地域や文化、さらには個人の考え方によって、さまざまです。健康であるとは、身体の内で生じている状態が大丈夫というだ

けでなく、身体の外、つまり社会的、文化的な意味を持つ環境においても、いかに自分らしく輝いていけるかということでしょう。

アメリカ心理学会のなかの健康心理学部門は1978年に成立し、それから約10年後の1988年に日本に導入されました。健康心理学が生まれた背景には、急速に変化する社会から引き起こされたストレスのネガティブな影響が考えられます。

また、疾患の様変わりが大きな要因として挙げられます。以前は伝染病などの感染が死因の中心であったのが、脳血管障害、がん、心疾患などライフスタイルに起因する疾患が主となったことによります。

さらに医療費高騰によるヘルスケアシステムにかかる負担の増加により、疾病予防を視点とした対策も必要になってきました。医学の進歩につれて医療機器も目覚ましい発展を遂げましたが、治療費も当然高額になります。

病気になって、痛い、辛い思いをして治療費もかかる。それだったら、病気にかからないようにしたほうがよいですね。残念ながら、病気の体験後になって初めてそういう考えに至る人が多いのですが。

心理学の知識と技術が、健康的なライフスタイルの獲得と病気の予防に有効に役立つものと考えられてきたのは当然ですが、さらに、「病は気から」と言われるように、心身二元論（両者は異質な二実体である）から心身一如（心と身体は一体である）の考え方に変わってきたことも、つまり身体と心は別々のものではなく相互に関連しているという考え方が、健康心理学誕生の背景になっています。

健康度を測る3本の矢

では、心理的・身体的・社会的ウェルビーイングとはどのような状態なのか見ていきますので、イメージを浮かべてみてください。

図をご覧ください。三つのウェルビーイングを「3本の矢」のように並べてみました。矢印が長く、大きいことが健康と考え、より一層健康の方向に進むことが人間として好ましいということになります。

矢印には上から、心理的、身体的、社会的健康のための要素が含まれ、それぞれの矢印のなかの要素を効果的な行動によって、最大化に向けて進めていくことが健康増進ということになります。

3本の矢のなかの項目で、自分にも当てはまるものはいくつありますか？


よい生活習慣が大切だとわかっていてもなかなか守れません。

私は、もともと一生のうち三分の一近くも寝るなんてもったいないという気持ちがありました。学生時代は夜のほうがちょっとロマンティックな小説やミステリーもどきのアイデアが浮かぶと思い込んでいたことや、ニューヨークにいるとき、日本時間に合わせて夜中に恩師から仕事の命令がたびたび入ったこと、両親の自宅介護で夜中に様子を見に行くことが何年も続き4時間で目が覚める習慣がついたことなどで、私の睡眠は健康習慣から考えるとバツがつきます。

授業でも、学生に「規則正しい生活習慣が大切です」と伝えるときには「私

3本の矢は長く大きいのが理想

心理的
ウェルビーイング
の要素

- 目標を持つ　自己効力感　自己尊重
- ポジティブな考え方　理性的な判断
- チャレンジ精神　コントロール感

身体的
ウェルビーイング
の要素

- 7〜8時間の睡眠　朝食　禁煙
- 規則的な運動　適正体重　間食をしない
- 適量のアルコール

社会的
ウェルビーイング
の要素

- 社会の一員としての責任
- ジェンダーを肯定的に　ソーシャルサポート
- 社交を楽しむ　人生を楽しむ

も守れてないものがあるから、努力しなければね」とつけ加えています。
毎年の健康診断の結果から、誇れるものは骨密度と聴力と何種類かの血液成分だけが、若いときのAレベルを保っています。最近は、いろいろ注意事項が出てきて、これからきちんと寝ることが予防と治療も兼ねると担当医から言われました。なんと簡単なことなのに！

それでは、この3本の矢印が長い、あるいは大きい、つまりウェルビーイングが高いと思われる人の特徴を見てみましょう。

・心理的ウェルビーイングが高い人

心理的ウェルビーイングが高い人は、目標を持ち、自己肯定感が強く、自己効力感を発揮し、楽観的であり、チャレンジ精神に富んでいます。

・身体的ウェルビーイングが高い人

身体的ウェルビーイングが高い人は、定期的に運動することによって、身体を良好に維持し、循環器系、筋骨系によい影響を与えています。また、禁煙し、過度の飲酒を避けた生活を送り、バランスのよい食習慣により、肥満、高血圧、心疾患などを防いでいます。

・社会的ウェルビーイングが高い人

社会的ウェルビーイングが高い人の人間関係の特徴は、周囲、社会とのかかわりを大切にし、両親、友人、近隣の人との良好で親密な関係を保っています。また、社会の一員としての自覚と責任を持ち、ボランティア、環境、自然保護などに関心を持っている人が多いようです。

2 自分の力を最大限に拓く

宇宙飛行士と言えば、経験者は日本には11人しかいない、多くの試練を乗り越えて選ばれた特別の人たちと思われるでしょう。でも実際は、私たちの延長線上にいる大変親しみやすい人たちです。

結論から言うと、宇宙飛行士は、自分自身のそして他者とのハーモニーの体現者だと思うのです。理系の学歴が応募条件ですが、文系の能力も必要です。そして健康に関しては、身体的にはもちろんのこと、心理的、社会的にも、健康心理学の内容が多く求められています。

宇宙飛行士選抜試験で見るもの

私が宇宙飛行士の選抜試験に心理学分野の担当としてかかわったのは、野口聡一宇宙飛行士選抜試験のときからでした。その後、星出彰彦、山崎（角野）直子、古川聡、油井亀美也、大西卓哉、金井宣茂宇宙飛行士が選ばれました。全員1回はミッションを済ませ、2回目、3回目の飛行、あるいは次の機会に備えて訓練を続けていたり、関連組織に移って活躍したりしています。

初回選抜から心理部門の総責任者であった恩師も、すでに空の星になられ、私が当時の取りまとめ役の最後の一人になってしまいました。前回の選抜からもう10年以上も経ちますが、選抜後の宇宙飛行士のミッション中の姿を映像で見るたび、話題にのぼるたびに、任務の無事遂行を祈りながら、選抜時の判断が、本当にそれでよかったのか考え、確認するような気持ちになってしまいます。

選抜試験で最終的に見たいろいろな素質に加えて、重視したのは、心と身体、および対人関係におけるハーモニーです！

ＴＳＳ国際宇宙ステーションは、15カ国の協力のもとに地球の約４００㎞上空を回っている宇宙基地です。そこで他国の宇宙飛行士と一緒に働く人を選びます。前回は約１００倍の競争率でした。語学はもちろん、必要な知的能力、技術能力、身体の医学的な検査を経て、50人程度に絞り込まれて、一人ずつ心理面接があります。そこから最終的に10人が残り、閉鎖環境施設で1週間、10人は一緒に過ごすことになります。

作業スペース、食堂、カプセルのような寝室、トイレなど、合わせて２ＤＫぐらいのところに10人が生活し、眠っている間以外はすべての行動がモニターでチェックされます。そこで朝から夜まで課題を与えられ、個人作業、集団作業をこなします。その最中に、どのようにリーダーシップが発揮されるか、ストレス耐性は強いか、人間関係は？　緊急時の対応力は？　など10人全員を隅々までモニター室から面接官は観察するのです。

宇宙飛行士は大きなストレスのかかる環境でひとつのミスもなく仕事をしなければなりませんから、ストレス耐性も大事な観察項目です。細かい作業を繰り返すこともあります。折り鶴をひたすら折り続ける、白い絵のないジグソーパズルを埋めていくなどから耐久力、集中力、疲労度を見るのも必須項目です。候補者たちは、最初のうちは何のためにこんなことをやっているのかわからなかったかもしれません。

緊急対応力では、もし、シャトルのどこかが壊れた場合どうするか、誰がどのようなアイデアを出すか、などいろいろな場面を想定して観察します。

場を楽しませる力や性格を見るために一芸披露などもありました。もともと多趣味で悠々としている人もいますが、これは他者を和ませる雰囲気を備えているかどうかを見極める大切な項目です。

まわりの人をやる気にさせるリーダーシップ

リーダーシップもいろいろな視点から見ることができます。制限時間内にグループで作業をするときに課題をこなすため先頭に立ちグループを引っ張っていく人、様子を見てから徐々に自分の意見を出す人、最初から人の意見をまとめる人などいろいろです。

実はリーダーシップとは、絶対的な統制力を発揮することではありません。優秀な人材であればあるほど、統率と融和のハーモニーが成り立っています。人を引っ張っていく能力がありそれを好む人であっても、コマンダー（艦長）に対しては、自分はよいフォロワー（艦長を補佐する人）に徹しなければなりません。

組織や団体には、多くの場合それを引っ張っていく人、まとめていく人、つまりリーダーが存在します。リーダーシップとは、参加しているメンバーに対し、変化を起こす影響力を発揮していくことです。

リーダーになると、いろいろ苦労しながら活動を進めていくことが多くなるでしょう。団体活動もいつも平穏な道ばかりではなく、人から邪魔されることもあるし、本当に必要な活動なのだろうかと虚しくなることもあります。それらをもしストレスとして見た場合は、リーダーには自分自身も消耗しないように対処していく、ストレス耐性が必要になるのです。

若田光一さんは4回の宇宙滞在経験者のベテランです。日本人初のISSコマンダーに就任し、ミッションを大成功に導きました。みなをリラックスさせて仕事に貢献できるようなチームワークを作り上げるのですから、まさに自分自身も他者との間もよいハーモニーを保つことができる人なのです。テレビに映るにこやかな笑顔からも想像できますが、選抜時に私が宿泊ホテルからタクシーで筑波宇宙センターに通うとき、よく宇宙飛行士を乗せるという運転手さんたちから、「若田さんは人柄が素晴らしい」というエピソードを何回も聞きました。

ある選抜試験で画用紙に書いてもらった「家族の絵」もよい判断材料でした。

それは絵の才能があるかどうかを見るものではありません。家族や人間関係のどのような場面を描こうとしているのか、配置や色づかいなどから感じることを、面接時に合わせて確認したものです。

いろいろなこと、想定内のことはもちろん、想定外のことにでも上手に対応する能力は訓練で強化されますが、人間性や道徳観などはもともと持っているものが下地になるので、その発見は大事にしました。

2000年1月、毛利衛飛行士の2度目の飛行のときにフロリダのケネディ宇宙センターに視察に行きました。カウントダウンが始まり、発射台を見守っているなか、11分前というところで文字盤の数字が動かなくなりました。発射中止です。打ち上げ延期といっても原因究明の時間を待っていることはできないので、残念ですが日本に帰ってきました。

思い出せば、帰りの飛行機が乱気流に巻き込まれ、機体が音を立てて上下左右に大揺れしたのでした。上から荷物は落ちてくるし、ジュースがコップの形を保って一瞬宙に浮いていたし、客室乗務員3人が怪我をし、空港では新聞記者が待っていました。

隣席の恩師は青白い顔をして「もう、こりゃダメだね」と。私も最後かもしれないと思って「今までご指導をありがとうございました」とお礼を述べました。そんな状況でもそのとき、「宇宙飛行士が重力に逆らって大気圏に出ていくときの心境は、大変なものだろうな」と思ったのを覚えています。

私は、宇宙飛行士と彼らの活動を支援している組織、宇宙科学の発展に貢献している研究者、ISS国際宇宙ステーションの運用などがもっと発展することを願っています。ある政治家が、テレビ会見で「費用対効果の点から見直しを考えなければならない時期だ」と言うのを聞いて、莫大な費用がかかることは確かですが、大事なことを見失っていると思いました。

土井隆雄さんは、2回の飛行を経験した後、現在京都大学で、「有人宇宙学」を立ち上げたそうです。宇宙に関心を持つ、飛行士の資質を備えたいと思うような学生がこれから増えていくことを望みます。このような意識と能力を持つ人を育てていくことが多数の理解を得るためにも大切なことだと思います。

誰もが持っている資質を訓練で伸ばす

宇宙飛行士の訓練期間から長期宇宙滞在中には、さまざまな圧力や困難が生じます。そのような状態でもパフォーマンスを維持することが必要です。そのためには、困難に立ち向かい、障害を乗り越え、課題を達成していく力が求められます。すなわち、アメリカの心理学者リチャード・ラザルスが重要視したストレスのプロセスで「対処」の型を多く持ち、それを柔軟に用いる能力が高いことが必要なのです。

宇宙飛行士の資質として、精神・心理ワーキンググループで定めた評価対象資質検討項目に加えて、健康心理学の視点から次の点を確認しました。

- **その人の感情と思考と行動が有効にバランスよく働くこと**
- **心理的、身体的、社会的なウェルビーイングを進展させていくこと**
- **ミッションへの強い動機と情熱を維持するための性格傾向**

以上の基本的な項目を高めていくために必要な各要素が、心理的視点からの資質といえるでしょう。その資質は、さまざまな場で訓練によって高めていくことができる人間の力です。

さて、宇宙飛行士に要求される能力はどのようなものでしょうか。心理面での選抜のときには、態度能力と変化対応力が基本的にどの程度備わっているかを見ました。選抜されてからさまざまな訓練を続けて実際に飛行が決まるまでの長い間、次のような力をさらに強化していくことになるからです。

・課題達成に向けて、ひとりよがりにならずクルーの調和とともに物事を進めていく力
・新しいことに取り組むときに発生する、さまざまな障害を柔軟に乗り越える力
・環境や制度の変化にひるまず、それを機会と捉え新たな課題に立ち向かう力

さらに、対人ストレス耐性、対課題ストレス耐性、対役割ストレス耐性、対環境ストレス耐性の向上も課題となります。そのためには技術の訓練に加え、次のような心理社会的な側面が基盤となります。これらは訓練によりさらに強化される資質です。

- **自分の資源の点検**
- **高い自己効力感**
- **柔軟なストレス対処**
- **ネガティブな考え方からの早い脱却**
- **明るいコミュニケーション**
- **ソーシャルサポート**

これらには健康心理学で学ぶことがたくさん含まれていますね。

宇宙飛行士は、心と身体と人間関係のウェルビーイングを備えた「健康心理学」のイメージそのものだという気がします。以前、シンポジウムでそのように話したときに、向井千秋宇宙飛行士が「宇宙飛行士と一般の人々と共有している資質がたくさんあることを伝えたい」と言われたことを思い出します。

まとめてみると、宇宙飛行士も自分と同じ特徴を持っているのだという気がしませんか？　ただ、その特徴はそれぞれ、普通の人よりもとても強いのです。

①　**基礎力と応用力を備えている人**
②　**生活習慣を整えることができる人**
③　**使命感が強い人**
④　**夢を持ってそれを実現する人**

これは、第2章で述べたこととほぼ重なっていますね。50歳になってからも、宇宙飛行士を目指すような気持ちで臨んでみれば、「元気で余裕の人生後半」が送れそうです。

星空を都会のプラネタリウムで

小さい頃から星空を見上げるたびに、ルビー、ダイヤモンド、エメラルド、サファイヤなどが煌めいている空間をふわりふわりと回ってみたいと思っていました。宇宙飛行士の情報を知ったときには、私はすでに年齢制限でまったく応募圏外でした。宇宙に行けない私は、プラネタリウムでその気分に浸ります。

渋谷駅から徒歩5分のところにある「渋谷区文化総合センター大和田」は、文化、教育、健康、福祉の区民活動の拠点として、多様な文化活動の発表、鑑賞、参加の場を提供していますが、そのセンターの12階に、「コスモプラネタリウム渋谷」があります。プラネタリウム投影機と全天周デジタル動画投影システムを備え、丸いドーム型の内部に120席の客席があります。美しい星空と臨場感溢れる映像空間を演出し、宇宙と地球、生命や文化についての話題を提供する、子どもから高齢者まで楽しめるところです。

ここには、いろいろなプログラムがあるのですが、私が好きなのは『銀河鉄道の夜』でした。宮沢賢治の代表作のひとつ、幻想的な世界をプラネタリウム番組として再現した作品です。透明感のある映像のなかを、ジョバンニとカムパネルラと一緒に銀河鉄道に乗って星の情景を旅して観ることができるのです。美しい映像とともに、空に横たわる天の川と、はくちょう座、こと座、わし座、そして、さそり座、南十字星等をたどる星巡りの旅をしました。

小学生の頃よく母と一緒に庭に出て、夏の夜空の大三角形や寒い冬のオリオン座など、夜空を見上げ、そこに描いた星座から神話を思い浮かべたものでした。その頃、天文学者野尻抱影の「天体の不思議」は愛読書でした。亡き母を懐かしく思い出し、一緒に見ていた母がそばにいるような気がします。あの頃は東京でも夜は綺麗にたくさんの星が見えました。今は、節電で夜の明かりをひかえめにしても、もう無理なようですね。

今年はまた新しいプログラムも加わっているようです。

宇宙から地球を眺めると、大都会の光が浮かび、携帯電話やテレビの電波が宇宙に漏れ出て、高度な科学技術を持つ人類が存在していることを示しているそうです。他の惑星に生物が存在する可能性を求めて、新たな探査計画も進められています。

プラネタリウムは、夢幻の世界に身を置くことができるところです。宇宙に心を向けて、遠い世界に繋がる美しい音楽に満点の星、一人リクライニングシートでリラックスし素敵に過ごすのに最適の場です。

第4章

50歳からの魅せるファッション

ハーモニーが大切なのは音楽だけではありません。宇宙飛行士にもハーモニーが大切だったように、ファッションにとっても重要です。衣食住の一角を占める衣の世界も、ハーモニーによって作られ繋がっていく世界です。楽しそうに仕事をしている人、仕事ができる人は、男性も女性も健康と外見に気を遣っています。

おしゃれをすること、また、お化粧や好きな色の洋服を着ることによって、行動を積極的に変えていく「ファッション・セラピー」も最近の話題です。住宅や学校、病院など環境への色彩の応用など、色彩そのものが、ストレスにさらされている現代の人々の不安や緊張の解消にも効果を上げているということで、その研究も進んでいるようです。

これまで、私たちの内部の心理的な要素によって自分を変えていく話が主でした。自分を変えることで他とのかかわりも変わっていくことは納得がいくものですね。

さて、チェンジ・マイセルフの次には、第2の人生に備えて外側からも自分を変えて魅せましょう。ファッションが心理的・身体的・社会的健康に与える影響について、今まではあまり研究されてきませんでしたが、私たち健康心理学の研究室では、数年前から、ファッションを媒体としてセラピーの方法論を用い、ウェルビーイング（幸せや健康）の向上を図るための援助法に取り組んできました。

ファッションは色彩と造形によって人々の生活を豊かにし「生活、人生の質（QOL）」を高める力を持っています。セラピーは、人の不安感や緊張感を軽減し、認知を変え、自己評価や自己効力感を高めていくプロセスです。この二つを統合したファッション・セラピーの可能性も大きくなっていきそうです。

ファッションとは、彩りと形による自己表現です。他者とのコミュニケーションの手段としての力を持ち、日常を豊かに彩る力も持っています。

健康心理学は、心理学の知識を基盤にして、心・身体・社会の健康に向かう行動変容を促す理論と実践力を身につけ、人間のポジティブな可能性を追求する学問です。

この二つの分野を組み合わせ連携させることによって、現代のストレス社会を上手に乗り越え、ＱＯＬを高めていく可能性を考えてみたいと思っていました。子どもから高齢者までの「健康づくりと生きがいづくり」に結びつけていくことができるのではないでしょうか。

ここ数年、ファッション関係の授業や研究にかかわることも多くなってきました。複合・融合分野を語る試みは、新しいようにも思えますが、実は、昔からずっと存在していた分野であるという気もします。

1 見た目が印象を変える

人間の身体は服を着ないときもそれぞれ美しいものですが、衣服をまとって、さらに美しくなります。本来衣服を着る意味は、自然環境から身を守り、体温をコントロールするためでした。

近代初期イギリスにおいて、ファッションという言葉は、流行の衣服、服飾の型のみならず、人の姿や形、性質、そして人間形成をも意味したようです。つまり、当時ファッションは人間の身体やアイデンティティを生成する力を与えられていたのです。性格、人格の意味を表すパーソナリティもギリシャ語の語源ペルソナ、つまり仮面の意味ですし、ある役割を演じるためのものでした。

心身に影響を与える色彩の効用

心理学でおなじみの「マズローの欲求の階層」と「ファッション行動」を比較すると、次の図のように対応しています。心理学とファッションの共通の物差しとなりました。

私は夕陽を眺めるときに、それが国内、海外、どこの場所であっても、アレキシス・カレルの『人間、この未知なるもの』(三笠書房刊)の一節を思い出します。

「落日は物理学者にとっては電磁波を意味するが、これは画家が感じる落日の鮮やかな色彩が客観的実在でないのと同じく、実在ではないのだ。これらの色彩によって、美的感覚が起こることも、それを構成する光波の長さを測定することも、われわれ人間の持つ二つの面であり、どちらも等しく生存する権利がある。喜びや悲しみは、恒星や惑星と同じように重要なのだ」

初めて読んだ高校生のときから今まで、これほど多くの受け止め方や連想を

心理学とファッション行動の共通点

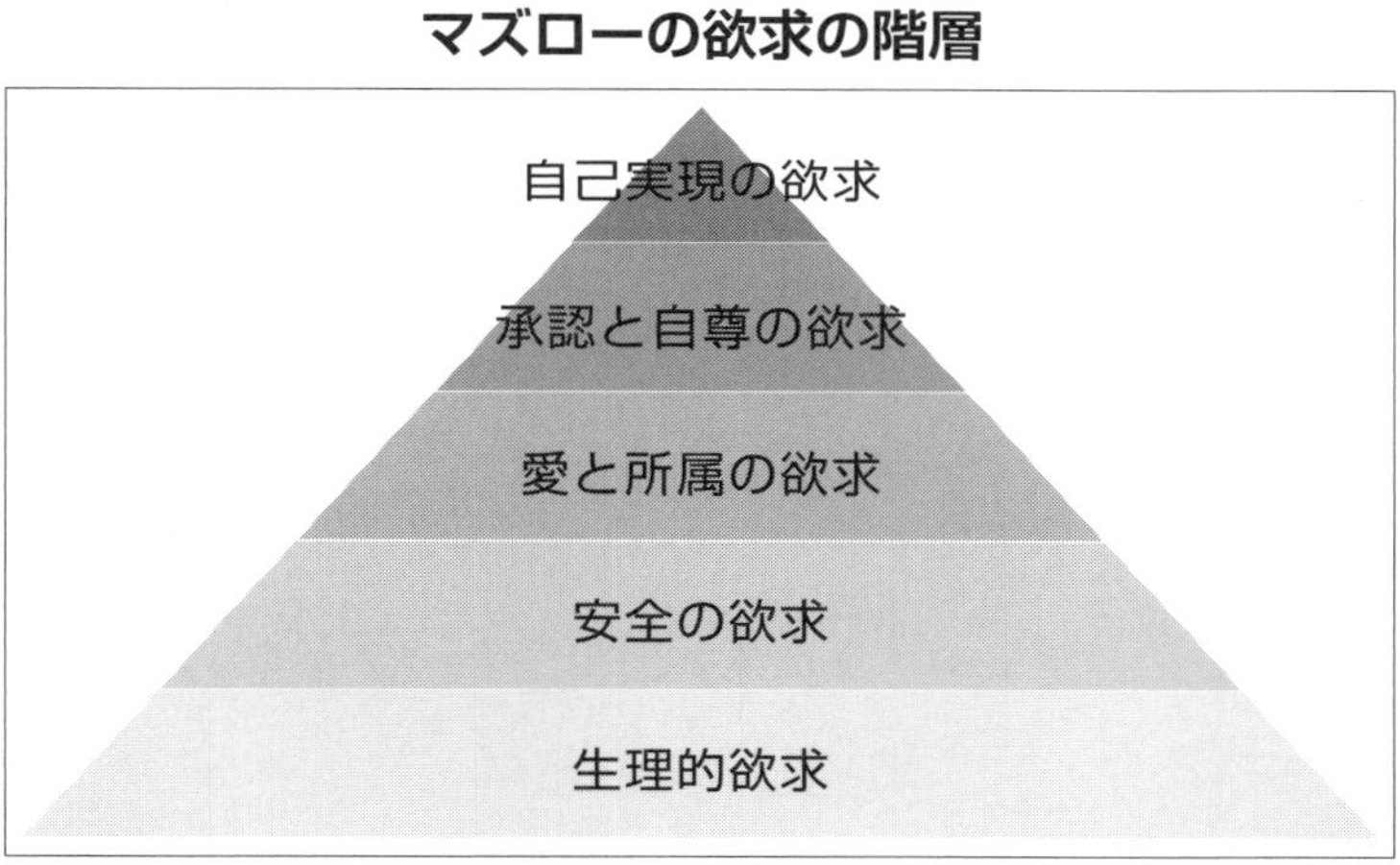

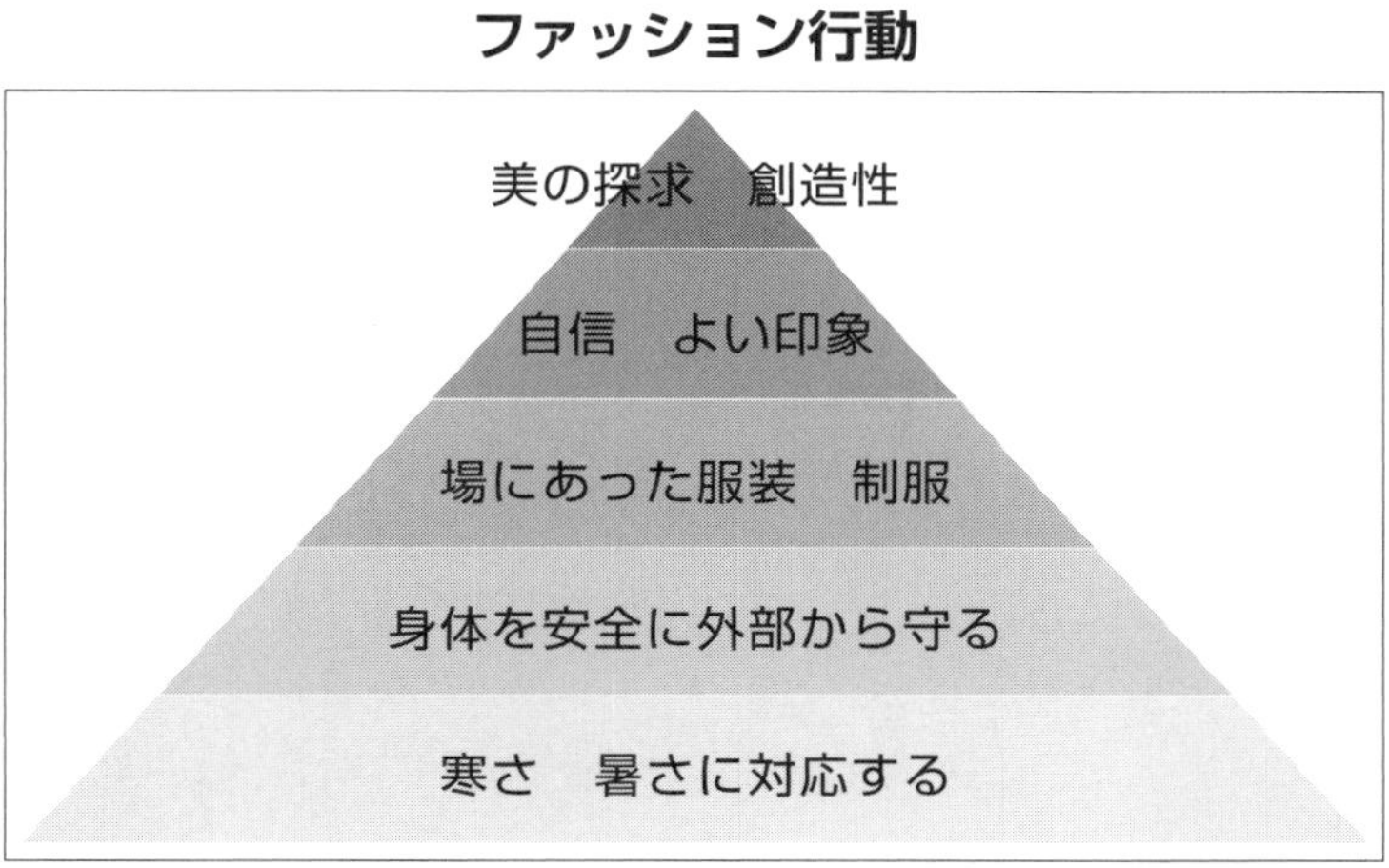

した文章はないといってよいほどです。その時期の心境によって、夕陽から伝わってくるものはさまざまでした。アレキシス・カレルが言うように、夕陽を見ても、それぞれの人の背景によって捉え方が違うでしょうし、同じ人でも、人生の線上のどの地点で見るかによって、美しくも寂しくも力強くも感じられるものですね。

もう何年かすると4人に1人が高齢者の社会になります。そんなときに、道を歩く人、公園でくつろぐ人、コンクリートの建物のなかで働いている人たちが、従来の高齢者色でなく、それぞれが似合う好きな色彩を身につけたとしたら、どんなに素敵なことでしょう。雨の日に、灰色のビルの上のほうから見下ろすと、動き回るたくさんの色とりどりの傘が素敵なように。夕陽を眺めながら連なって出てきた想いは、美しいファッションで彩られた人々が行きかう街並みでした。

色は不思議です。私たちのまわりは色で囲まれています。光を感じるところであれば、いろいろな色がそれぞれの個性で語りかけてくれることに気づくときがあります。私たちは、いろいろな色のなかから、好きな色を選んでいます。色にはその色だけが持つ性格のようなものがあると昔から言われてきました。人は自分と同じ性格を持つ色を好む傾向があるとも言われています。

色彩が身体へ影響を与えているかもしれないと思われていたことは、いろいろな宝石類が装身具であるのと同様、古くからの魔除けや御守でもあったことからもうかがえます。

琥珀は耳の疼痛や眼病に、紫のアメジストは痛風に、緑のエメラルドはあらゆる眼病に、ガーネットは肌の発疹に、ヒスイは浮腫の治療に、赤いルビーを浸けておいた水は健胃剤として、トルコ石は喉の痛みに効く、と半分迷信らしき感じもありますが、インドでは20世紀半ばまで、金箔や金粉、真珠の粉末、エメラルドやルビーを砕いた粉が病院での治療薬として処方されていたと言われています。

光線で治療するときでも、プリズムで分けられる色の端のどれかを用いているわけです。結核病患者のサナトリウムなど、日光浴療法は古代からありました。紫外線も、くる病の予防、ビタミンDの生成、新陳代謝の促進などが効用として挙げられています。

東京に住んでいても、街路樹とわが家の小さな庭で四季を感じられます。特に五日市街道は四季を感じられる大好きな道です。桜が散って、5月の連休前後に周囲を見わたすと、道の両側はいっせいに緑の新芽が吹き出ています。

毎年のことですが、自然のなかにある緑色には何種類あるのだろうと感心する季節です。

勉強も人並みにはしましたが、私の青春は、歌って踊って絵を描いている時間のほうが長かった気がします。そんな学生時代は、日曜日ごとに油絵の道具を肩に背負って写生に行ったものでした。春から初夏にかけて、四谷の迎賓館前、新宿御苑、井の頭公園などで、ちょうど新芽がそれぞれの葉の形になっていくちょっと前の風景を好んで描きました。洋画家の岡鹿之助画伯の点描画が好きで、そんなふうに自分も筆を使いたくて、点々とキャンバスに色をたたいたのですが、そのときに、緑色にたくさんの色を混ぜました。葉の裏表で、光と影で、生まれたてと子どもになった葉っぱは、それぞれすべて微妙に違う緑なのですから。

「太陽の光のなかで見る緑は、美しい！」そう思いながら、毎年この時期に頭のなかで緑色系の名前を並べて思い浮かべる習慣ができました。

日本伝統の色、諸外国から伝来した色、外来の色を日本語訳した色などにあるのは、黄緑、若緑、老緑、薄緑、浅緑、深緑、若草色、青竹色、抹茶色、萌黄色、苔色、鶯色、青磁色、常盤色、青丹、裏柳……、緑だけで40種類以上もの名前があるようです。この自然のなかには、まだ名前のない色もあるでしょう。

私たちが着る服は色彩のハーモニーが大切です。色合わせが変に感じられると相手のセンスを疑ったり、驚いたりもします。でも、自然に存在する樹木や花々については、どんな色が隣り合わさってもそれぞれのよさを保っているから不思議です。自然のなかに存在する色は、どれもどこにあっても存在が認められているのでしょう。

そこにいる人間も邪魔にならずに害を与えずに、ハーモニーの彩り美しくコーディネートされたいものです。

色が自分を表現する

いつも手にとってしまう好きな洋服の色が、自分に似合うとは限りません。でも、自分の性格、あるいは、なりたい自分の性格を現しているのかもしれません。色そのものが表す印象と、心理状態を左右する色、時々自分がまといたくなる色に目を向けてみるのもよいでしょう。

あなたが好きな色や、普段着ているもの、使っているものの色のイメージで、自分を表現することができます。また、他人が自分自身をどう見ているか診断することもできます。

毎日選んで着ている服が、自分自身について何かを語っているということは事実でしょう。私たちが身につけているものは、単なる偶然でも、思いつきの出来事でもありません。どのような意図があるにせよ、ファッションは一種の表現なのです。たとえ意識して選んでいなくても、あなたが着ている服は、あなたがどんな人で、どのように世界に溶け込んでいるかを伝えるメッセージになります。

実際のところ、ファッションは想像以上にたくさんのことを教えてくれています。朝に選ぶ服の色ですら、その表面的な色彩の裏に隠された心理状態を暗示しているというのです。

では、具体的にはどのようなメッセージを発信しているのでしょうか?

たとえば、多くの人が同意している色の印象には次のようなイメージが挙げられています。一般的によく用いられる色の特徴です。

・赤色――積極的で活発、興奮、外交的
・緑色――現実的、堅実、安心、休息
・黄色――明るく明朗、希望・期待、でもちょっと移り気

・青色――理性的で誠実な印象
・茶色――地味で温和、現実・実質
・橙色――何事にも意欲的に取り組む陽気なイメージ
・水色――内気で保守的な一面
・紫色――神秘的な個性を備えた高貴なイメージ
・桃色――愛らしさ、甘さ
・灰色――孤独で神経質
・白色――素直で純真
・黒色――厳粛で意志の強さ

あなたが紫色が好きな場合、この色のイメージにそって考えるならば、紫色という色が持つ神秘的、高貴なイメージを選んでいるということになります。つまり、選んだ色に対して持っているイメージが、自分はこうありたい、自分のイメージはこうだということを示しているとも言えます。

服装に関して、これらの色をどのようなバランスでコーディネートしているかを定期的にチェックすると、今まで気づかなかった自分を知ることができ、心の変化や自分自身を客観的に眺められるようになるでしょう。

また、服装は決意を表すとも言えます。「あなたの選んだ色から、あなたの性格を見ることができる」というのならば、逆に、こんなふうに人から見てほしいと言うときに、色や形から入っていくのもよいですね。アメリカの大統領選挙時のヒラリーさんは、「いろいろな能力で男性に勝り、政治能力大いにあり」という姿で登場していましたね。

色の意味は自分で決めてもいい

私は、授業中に学生と色に関するお話づくりをしたことがあります。「色いろいろ」の冊子を作りたいと思ったのです。

ファッション心理学の基礎になる色彩について考えていたときにふと思い出したのですが、昔々、私が大学1年生の頃、サークルの文集に小作品を載せたことがありました。「理性と感情」というテーマで、理性の国の王子様と感情の国のお姫様が、両国の争いを乗り越えて結ばれるという話です。どちらかが勝つのではなくて世の中（人間）にはその両方が必要なのだと言いたかったのだと思います。

私はその頃から「ハーモニー」が好きだったようです。ロミオとジュリエットの話にどこか似たような設定で、でも童話好きの少女からまだ抜けきらない頃の、恋愛小説とはいえないものでした。

そのなかで描いたのは、理性の国の人々は緑色、感情の国の人々はオレンジ色の衣服をまとっていました。私は、理性を表す色を緑色、感情を表す色をオレンジ色としたのでした。なぜその色に決めたのか、理由が書いてあったかどうか、探してもう一度読んでみたくなりました。あの文集は今もどこかにしまってあるはずです。

色の意味は自分で決めてよいのだと思います。アイルランドに学会旅行したときに市内を案内してもらったタクシーの運転手さんから、「昔、東を紫、西を茶、南を白、北は黒で表していた。自然や景色の色からね」と聞いて、なぜだかわからず不思議でしたが、山や土の色をそのように感じたのでしょうか。あるいは、なにしろ妖精がいるといわれる国ですから、北に住んでいる妖精たちが黒い帽子をかぶっていてそう見えたのかもしれません。

アメリカインディアンは、住む地域によって東西南北をそれぞれ異なった色で表していたそうです。何がどの色になるかは、人の感じ方や、それぞれの意味や理由によって決まるのでしょうね。

2 自分自身を創りなおす

21世紀になってからも、心の問題を抱える人が多いと言われています。対人関係や社会状況からのストレスなどで、悩み苦しんだり抑うつ的になったりする人が増えているのが現状です。こうした「心の問題」にファッションを通じてアプローチするのも効果的です。心とファッションを結びつける新たなファッション心理学の可能性、人を元気にし、夢を与えるファッション、生活を生き生きとさせるファッションなど、ファッションが心に与える影響はさまざまです。

私自身のこれまでのカウンセラーとしての体験などから、これが「ファッションと心の健康」、あるいは「ファッション・セラピー」と思われるものを、例を挙げ紹介したいと思います。

ジーンズからスカートへ

アメリカの精神科医エリック・バーンが提唱した交流分析のなかのロバート＆メアリー・グールディング夫妻の再決断法は、「〜ではいけない」と思うよりも、「〜でよいのだ」と考え、幸せになる方法です。

たとえば、男の子をほしがっていた家に生まれた女の子（またはその反対）に対して伝えられる親からの非言語的・言語的メッセージは「お前の性であるな」です。

女の子に男の子のような名前をつけたり、男の子の服装をさせたり、「男だったらよかったのにねぇ」と言いながら育てた場合、その女の子は、無意識に自分は女の子であってはいけないのだと思いながら成長します。そして、彼女は好きな人ができても女性らしくふるまえず悩みました。カウンセリングを経て、「女性らしくしていいのよ」という許可をもらいます。そこでジーンズ姿から、思いきってスカート姿に変わり、容姿が女性になります。

好きな人から「よく似合うね」と言われ幸せな気分を味わい、親からの「女性であってはいけない」という禁止令を「女性であってよいのだ」と再決断しました。ファッションが心を変えるきっかけとなった例です。

母から娘へ贈るリメイクドレス

結婚を控えた女性に、小さいときに別れた母親から届いた贈り物。それは、母親の婚礼衣装の振袖をロングドレスにリメイクしたものでした。再婚した母に近づけないまま、母親に捨てられたという気持ちをずっと持ち続けていた娘が気づいた母親の心。母親が自分のことを遠くからでも気にしていたことを知り、母が着た婚礼衣装から作ったドレスを自分が纏ったときに、心のなかにあった塊が溶け、長い間求めていたもの、母の温もりを感じたのでした。

さらに、この話は、持続可能な社会に貢献する要素を持っています。

リペアとは、補修し、さらに大切に長く用いる。リメイクとは、異なるデザインに作り変える。リフォームとは、体型や好みや用途に合わせて作りなおす、の３Ｒです。

自分自身のなかでも、心と身体でも、他人との間でも、それぞれ特徴、事情、意味することなどが異なり離れていたとしても、それぞれが響き合ってハーモニーが生まれたときには、そのハーモニーはとても素敵な力を持っているのです。

3. その時期ソーシャルワークの実習に来ていた私は、その様子を見て、ひらめきました。週に一度専門家を呼んで、入居者のために洋服のコーディネートやお化粧をするワークショップを開いたのです。みんな大歓迎です。

4. 自分の好きな色の服を着られるようになったMさんは、外へ出たくなりました。優しいボランティアの高校生と話をしながらお買い物にも出かけ、フランスパンも買いました。
その日が待ち遠しいMさんです。自分でも近くを歩きまわるようになりました。

5. 季節の花々を見ながら歩くのはなんと楽しいことでしょう。ついでに体重も減りました。昔のことを思い出し、まだまだ私も何かできるという気持ちが出てきました。「そう、85歳だって素敵になれる!」"Oh, I am eighty five years young!"

85歳だって素敵になれる！

1. ニューヨークのある老人施設に入居していたMさんは、毎日、老化していく自分を嘆いていました。
「私はもう何をする気力もない、なんとさびしい毎日だこと」

動かないでぼんやり外を見ている日が続いていました。

2. そんなある日のこと、何気なく見た雑誌の、あるページに目がとまりました。
「まあ、きれいなグリーンの服！　私の好きな色！　若い頃はよく買い物に出かけたわ」昔の楽しい思い出が連なって浮かんできました。

終章　「幸せのカタチ」をデザインする

青春時代の幸せも、高齢期の幸せも、そのときの心の様相によるのだと思います。

サミエル・ウルマンの「青春」に綴られている「青春とは心の若さである」と同様に幸せも、心のなかがどのような状態か、それぞれの胸中に抱き得るものが何か、によって決まってくるのでしょう。心のなかに優しさ、希望、愛情、情熱、夢、創造力、理想、他者への思いやりなどが溢れたときに、あるいは、努力して苦しみを乗り越えたときに、感じるものかもしれません。

50歳になって人生を見つめなおすときに、幸せは近くに？　それとも遠いですか？

人生100年時代になったのならば、延びた月日が幸せな時間であってほしいものです。これから、幸せと思える時間をできるだけ多く持ちましょう

幸福度を高めることは長寿に繋がります。

すべての学問は、究極的には人類の幸せのためにあるのだと思います。ですから、「どのような未来を創りたいか」を語るとき、大事なのは、自分自身が「幸

せ」であることです。そして、自分の心が楽しい状態になること、心に感じたものを色や形や音や動きなどのいろいろな手段で表現し、幸せを実践し体感することです。

幸せになるためには、『チコちゃんに叱られる!』(NHK総合)で人気のおかっぱ頭の5歳の少女チコちゃんの決め台詞「ボーっと生きてんじゃねーよ!」が物語っています。ただボーっと生きていたら駄目なようですね。

50歳を迎えたら意識改革が必要です。

まずは、ポジティブな考え方で明るく、柔軟なストレス対処法を身につけ、自己効力感を強化して幸せを感じましょう。

1 どんな幸せを求めるかで毎日が変わる

偉人たちが教えてくれる幸福論

昔から、多くの学者が幸福論について述べてきました。「幸福論」とは、幸福であるためにはどのような生き方をすべきか、方法論も含めて述べているものです。そのほとんどが、人生そのものについての考察・論究になっています。

十分に眠ったとき、二度寝ができたとき、おいしいものを食べたとき、恋人と一緒にいるときなどに「幸せ！」と感じる一般的な幸福感ではなく、偉大な思想家の思考や学術研究の結果から、「なるほど、そうだ」と私が幸福感を実感したものを以下に挙げました。偉人の考えなので、ちょっと堅苦しい感じもありますが、もし少しでも共感を覚えたのであれば、ぜひ参考にしていただきたいと思います。

アリストテレス（古代ギリシアの哲学者）――**「幸福とは最高の善なり」**

幸せとは、単によい気分であるということではなく、人間の潜在能力を実現させること、すなわち自己実現していくことです。

たとえば、本業の仕事以外でも、60歳ならぬ50歳の手習いで、趣味を本格的に追求するのもよいでしょう。オリンピックに備えて海外駐在で鍛えた語学力を発揮しボランティアに加わるのもよいでしょう。

理性の力によって欲望と情動のバランスを保ち、美徳、共通の善といった概念を重んじ、人間社会そして一人ひとりの個人の人生を豊かなものへ導いていくことを目指しています。幸福とは快楽を得ることだけではなく、人間の理性を発展させることなのです。

アルトゥル・ショーペンハウアー（ドイツの哲学者）――「**人間の幸福の源泉はみずからの内面にある**」

人は、目先の環境に振り回されるのをやめ、すべては空しいと諦観することで、精神的落ち着きを得るべきです。世俗的な幸福の源泉を人のあり方・人の有するもの・人の印象の与え方に大別したうえ、最も大切なのは「人のあり方」であるとする幸福論です。

エピクテトス（古代ギリシアの哲学者）――「**幸福への道はただひとつしかない。それは意志の力でどうにもならない物事は悩まないことである**」

己の力の及ぶものと及ばないものを識別し、自己抑制を持って生きることを説く幸福論です。

アラン（エミール＝オーギュスト・シャルティエ）（フランスの哲学者）――「**すべての不運や、つまらないことに対して、上機嫌にふるまうことである。上機嫌の波はあなたの周囲に広がり、あらゆる物事を、あなた自身をも、軽やかに**

するだろう」

健全な身体によって心の平静を得ることを強調しています。また社会的礼節の重要性を説く幸福論です。

バートランド・ラッセル（イギリスの哲学者）――「**幸福の秘訣とはこういうことだ。あなたの興味をできるかぎり幅広くせよ。そして、あなたの興味を惹く人や物に対する反応を敵意あるものではなく、できるかぎり友好的なものにせよ**」

己の関心を外部に向け、活動的に生きることを勧める幸福論です。

福田恆存（日本の評論家）――「**将来、幸福になるかどうかわからない、……が、自分はこうしたいし、こういう流儀で生きてきたのだから、この道を探るという生き方があるはずです。自分の生活や行動に筋道を立てようとし、そのために過ちを犯しても、不幸になっても、それはやむをえぬということです**」

幸福であるとは、不公正な世の現実を見据え、弱点を弱点と認識したうえでとらわれなく生きること。望むものを手に入れるために戦い、敗北しても悔いはないと思えることです。

エルンスト・フリードリッヒ・シューマッハー（イギリスの経済学者）――**「スモール・イズ・ビューティフル」**

幸福はGNP（国内総生産）で測ることではなく、最小の消費で最大のウェルビーイングを得ることが大切であることを強調しました。その理論に流れる哲学は、消費社会における資源の枯渇を懸念して、人間の欲望と限界、そして技術の適切な使用の両方を受け止めることを提案しています。つまり、「足るを知る」ということです。"Small is beautiful"は、これを意味した彼の著書名になっています。

ダニエル・カーネマン（アメリカの心理学者・行動経済学者）――**「経験と記憶は矛盾する」**

彼は、幸福は、前日の記憶を思い返し、それを再構築して短い日記をつける「一日再構成法」によって測ることができると述べています。ある体験をしている自分と、ある体験を思い返している自分とを区別しました。いかに人が幸せな生活をしたかではなく、振り返ってみたときにいかに幸せと感じたか、満足したか、そのほうが人にとって大きな意味があると主張しました。幸せを測る物差しはその人のものの考え方、捉え方にあるのということです。

アルバート・エリス（アメリカの臨床心理学者）――**「理性的であれ」**

彼の提唱したREBT理論によると、人は人生の目標を掲げ、それに向かって積極的に前進しているときが幸せなのだと言います。何か困難を乗り越えてたどり着いたところに幸せがあるのです。人は誰でも目的に向かって進むようできていて、理性的であるとはその前進する力を助けていく考え方を持つことです。

健康心理学の視点から考える「幸せ」のイメージ

私が健康心理学の視点から考える「幸せ」のイメージを図に表しました。「自己効力感、行動変容、ストレス対処、ポジティブな感情・思考・行動、パーソナリティの強さ、心理的・身体的・社会的ウェルビーイング」の各要素は、同じように大事であり、優先順位はありません。バランスが整っていることが大事であり、必要なときに必要なものへエネルギーを注げばよいのです。

本書の2章で「まずは目標達成のために自分の資源を点検しましょう」と述べました。自分が何を持っていて、何が足りていないかを知ることは重要です。これは、心と身体と人間関係のハーモニーのためには必要不可欠な作業だと思います。

たとえば、人生を進めていくときに悩んだり、立ち止まったりするときがあります。そこで、図に挙げた幸せの要素を適切に発揮して障害物を乗り越えていくことになります。幸せに至る道はおそらく真っすぐではないでしょう。それに、どれかの要素を完璧にすればいいということでもないので、円形にし絶

「幸せ」の要素をバランスよく発揮する！

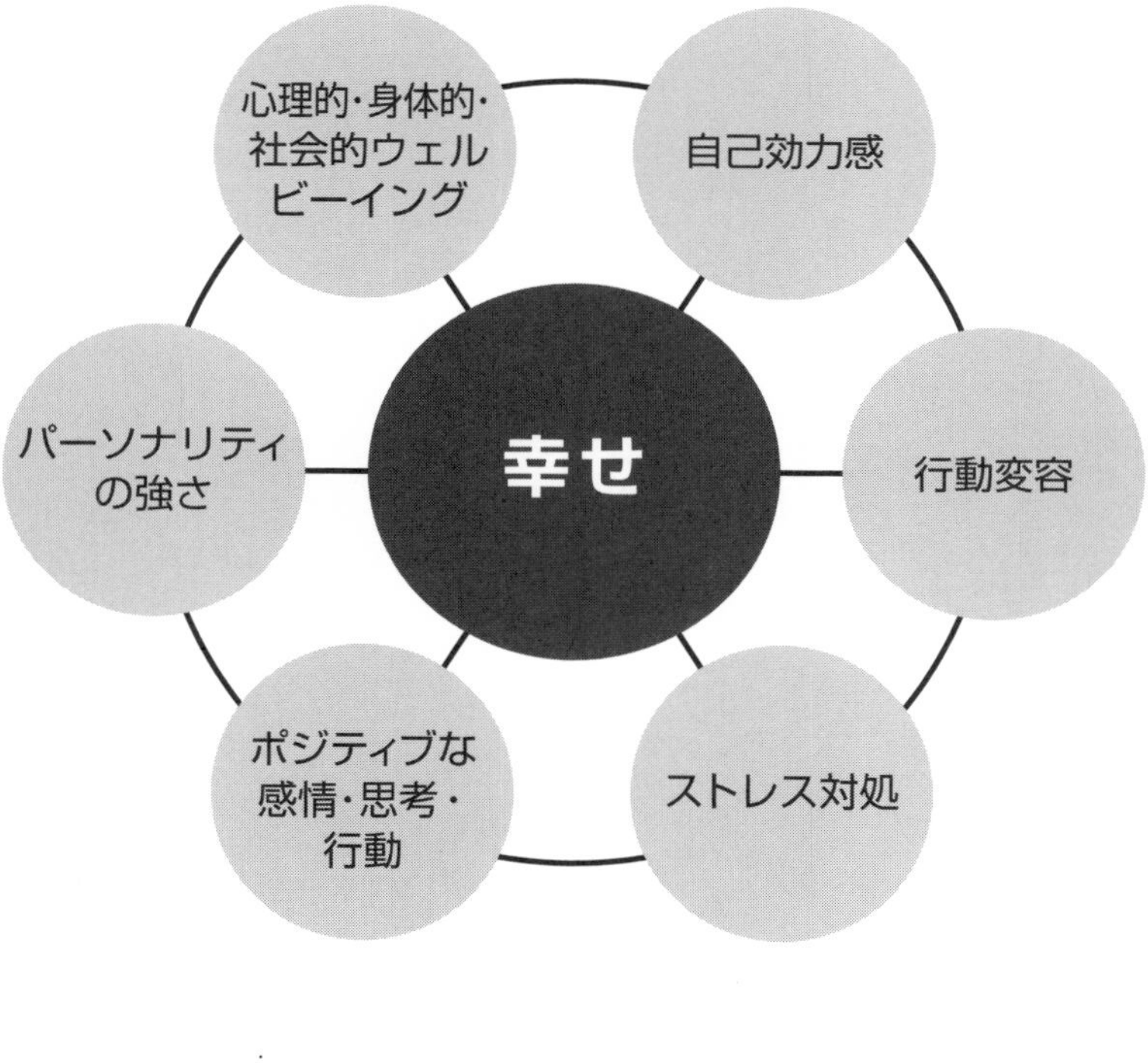

えず動き回れるように配置しました。

そして、たとえ到達する幸福の状態が同じだとしても、目指すべきところへ到達する道筋は千差万別です。そこに到達する努力の仕方は、人によって異なるのですから。また大事なのは、目的としての幸福ではなく、道筋であり、それを得るための心構えだと思います。

幸せは、瞬間的な体験や状態そのものを意味しているのでなく、人生に対する継続した態度です。心の状態ではなく心のあり方と言えるでしょうか。時に困難をもたらし、対処しなければならないような状態であるにもかかわらず、それを乗り越える希望を持って生きていくことでたどり着くところが幸せなのだと思います。

ここで、もしポジティブな思考を持つ個人から、ポジティブな人間関係の社会をと考えを広げていくならば、幸せを求める過程で自分と他者との関係を考えることが必要になります。大切なのは「調和と統一」です。個性（パーソナリティ）を維持し、自分自身も何も失うことなく、他人にもその場を与えること。柔軟性を持ち、極端にならずに行動すれば、人間関係においても生産的で実り多く、さらに各自の目標を達成しやすくなると思います。

人生の後半を歩み出すときに、もう一度、幸せに向かう自分の姿を客観的に眺めてみるとよいでしょう。

2 人生はハーモニー

定年退職後の人生を考え始めた50歳になる頃には、物事に対する考え方や感じ方、行動においても、それまでやってきた仕事や生活環境による影響から偏りが現れてきます。自分では気づかないかもしれませんが、他者の目には映っているかもしれません。

右脳と左脳を活性化させ、調和させる

ハーモニーは、音楽で一番多く用いられている用語ですが、広く社会現象にも当てはまります。ハーモニーという現象は、かかわっている要素それぞれ

が、違う立場を主張していたり、矛盾していると捉えられたりしても、効果的にまとめて能力を発揮しながら目標を達成していく、素敵な力を発揮する状態です。

構成要素の全部を同時に用いるのではなく、必要なときに必要な要素を重視して魅力的に響かせていく場合もあるでしょう。そう、オーケストラのようにです。音ではないですが、理論、概念、感情・思考・行動などが響き、ものになっていくのです。私たちの資質・能力も、それぞれがお互いを必要とし、伸ばし合い、相乗効果を果たしています。ちょっと大げさに言えば、世界の平和と共存にはこのハーモニーが必要だという気がしています。

ハーモニーとは、一般的に本来独立した諸要素が調和した状態のことで、主に音楽や色彩について言われています。さらに私は、食べ物にもハーモニーを感じています。栗が大好きな私にとって、マロンシャンテリーの生クリームとそのなかにある裏ごしした栗を一緒に口に入れたときは、まさに二つの素材のハーモニーなのです。

一方、陰と陽、上と下の調和というような、抽象的な意味で形のない精神的な文脈で使われることもありました。対立し合うもの、自分自身に相反するものから調和が生じるという考え方もあります。現在、ギリシャ語「ハルモニア」を語源とするハーモニー（ｈａｒｍｏｎｙ）の訳語として使われることが多く、音楽理論では「和音」「和声」の訳が当てられるのが普通です。「和音」「和声」は聴いていても心地よい響きです。

「万物は調和によって成り立っている」というのがピタゴラス学派の教説です。彼らは、天体がその運行に伴って音を発し、その音が互いに響き合って調和をなすと考えていたそうです。世界が音の一種の調和によって成り立っている、ということです。

人生の黄昏どきに、次代の若者たちの住む地球が平和な星であることを願う気持ちが強まり、音楽の「ハーモニー」を、私たちの世界に当てはめたくなったのも、ピタゴラス説に適っているようです。

また、芸術や技術の分野でも調和の概念はきわめて重要です。美学の分野では、調和が秩序や均衡や適合とともに美の概念のひとつであり、重要な役割を果たしていると思われています。

大昔から、音楽や踊りは世界のどこにでも存在していました。私は、音楽や身体の動きがどのようにして身体のどこから現れるのか知りたいと思います。きっと、その人の生活のなかで、頭の働き、心の働き、人間の機能を表出するときに、バランスをとって発生してくるのでしょう。

私が今まで取り組んできた心理学もそうですが、音楽も、現在はもちろん、過去も未来もすべてを含んでいます。まるで人生を表す手段のような気がします。

実際の音が消えてもその音の意味していることは、心のなかで消えずに残ります。そして、音楽には、悲しい記憶がまざっていても、聴き方によっては、優しく美しく塗り替えてくれるハーモニーもあります。未来への希望も生まれます。音楽から私たちに伝わってくるものは、人と人とのコミュニケーションと同じです。

音楽から心に、深い繫がりができます。楽器の奏でる音色が自分の今の気持ちを表していることも、自分に沿ってくれることもありますし、それだけでなく、一度気持ちに沿ってから違う感情へ連れて行ってもくれるのです。慰めたり励ましたり、そんなに悩むことないからと気持ちを軽くしてくれたり、自分で自分を見つめなおすことを手伝ってくれたり、音楽を聴くことは、ちょうどカウンセリングを受けることと同じ効果があることに気づきました。

右脳と左脳の働きを見ると、一般に、右脳は「感性・感情」、左脳は「理性・理論」をつかさどると言われます。右脳の働きを鍛えるトレーニングとして、本を読む、映画を観る、音楽を聴く、絵を描く、日記を書くなどが挙げられます。左脳に関しては、プログラミングや数学の問題を解くことや，手際よく料理を作ること、そして音楽を聴くことなども入ります。

音楽を聴くことは右脳だけのためのトレーニングではなくて、左脳の働きにも影響を与え、両方同じように活性化させることができると言われるようになりましたが、本当にその通りだと思います。音を聴き感じるところから、イメージ、記憶、状況など文脈を要する論理的に考えていく部分にかけ橋ができ、行ったり来たりしながら連動して、右脳左脳両方の活性化と調和が図られるのでしょう。科学の発展がすさまじく速くなっている今後は、論理的思考だけでなく感性も併せ持つことが求められる時代でしょう。

健康心理学は心と身体と社会のハーモニー

健康心理学とは、それぞれの演奏楽器が音を奏でハーモニーを作り出す素晴らしいオーケストラのようだと前に述べましたが、さらによいことは、心理的、身体的、社会的ウェルビーイングのハーモニーでもあるのです。

健康心理学と他の関連学問領域との関係は、アプローチの異なる分野が排斥し合うのではなく、お互いに協力し合うことで効果を上げることが必要です。健康の内容を示す「3本の矢」もお互いのハーモニーが重要でしょう。三つのウェルビーイングの、「3本の矢」の長さはときによって変わるものですが、それぞれが補いながら、支えながら、プラスの健康の方向に進むことが好ましい姿です。

たとえば、心が落ち込んでいても規則正しい生活とサポートしてくれる家族や友人がいれば安心ですし、身体の調子が悪くても、精神的に明るく希望を持っていれば立ち直る気力が湧いてきます。人間関係で孤立することがあっても、心身がしっかり機能していれば、いずれ他者にも理解してもらえるようになるでしょう。

心理的・身体的・社会的ウェルビーイングは、さまざまな状況に応じて、調和しながら健康を作り上げているのです。

ちょっと突飛な考えですが、もし、私が国連に「平和のための何でもアイデア」課を創設して、その担当だったら、各国連合のオーケストラを年齢層別に何組も組織して、国際コンクールを毎年開催します。あまり仲がよくない国の奏者同士でも、このときは一致協力して練習し、一生懸命よいハーモニーを響かせることでしょう。

争いや対立などのネガティブなものを消そうとするよりも、聴き、受け入れ、共感するというポジティブなものを作り出そうとするほうが、「世界の平和：ハーモニー」という課題達成には効果があると思うのです。

私は、自分自身の態度や他者との関係においても、ハーモニーを保つように努力しながらここまで来ましたが、まだ十分ではありません。これからも一層心地よく過ごしたいと思う今日この頃です。

3

音楽で感性を磨き、感動を体験する

最近、テレビのＪ：ＣＯＭのチャンネル「クラシカ・ジャパン」で音楽の視聴を楽しんでいます。同じ曲でも弾く人によって聴こえ方は異なります。同様に、聴く人によって受け止め方も異なるでしょう。心理学における認知の考え方、つまり私たちが物事を受け止め、反応するときと同じことが言えます。

カウンセリングでも強調や間などによって信頼関係や受容は違ってきます。カウンセラーとクライエントが同じ波長になったときに共感・受容が生じ、カウンセリングは進んでいきます。不思議なことに、そこに音楽と同様の法則のようなものがあるようです。音の強弱、表現される感情の起伏に応じて楽曲の速度を自由に加減して演奏するルバート奏法などで、受け止め方や感じ方が異なりますが、音楽の場合は、奏者の作り出すハーモニーを美しいと感じ、それが心の底に響いたときに感動するのでしょう。

年齢が進むといろいろな反応が鈍くなると言われますが、感性の世界とも縁遠くなり、感動する機会も減っていくかもしれません。でも、これまで何度も述べたように、高齢者が生き生きと過ごすために欠かせないのが「感動体験」なのです。これは健康と同様、気をつけて維持していきたいものです。

感性を磨く――本物に触れて「老いない心」を養う

テレビで小澤征爾氏のインタビューが放送されていました。彼は、海外に誇れる日本の宝ともいえる指揮者です。番組では、過去に演奏された国内外での演奏とともに、彼が力を注いでいる若者の育成についても語っていました。感性教育（偏差値教育のゆがみを改め、豊かな人間性の教育に立ち返ること）に結びついた内容で、子どもたちだけでなく大人もこのような姿勢で生きていきたいものだと思いました。

「芸術を愛好し、芸術に対する豊かな感性を育てること」は、20年以上前から国の方針として育成すべき資質・能力のひとつとして取り上げられています。感性教育を通して日本や諸外国の文化と伝統に対する理解と愛情を育てるなど、他人を思いやる心や、生命や人権を尊重する心、自然や美しいものに感動する心などを挙げています。

さらに、自分の生き方を主体的に考える豊かな人間性を育てることを通して「生きる力」の育成とするなど、これからの教育のあり方の重点です。

子どもを自然のなかで育てることで、自ら感じ、考え、学び、問題を解決し、行動できる資質や能力を育めれば、感動する心、共感する心、思いやりの心が育つと言います。

大人もそうです。一週間ぐらい山のなかで自然に囲まれて過ごす体験をすると、感覚が敏感になって、風の強弱、水の流れ、鳥の声の違いなど聞き分けができるようになります。特に自然や身近な事象への興味や、関心を持つことが、老いない心を保つのに必要でしょう。

感性とは、美や善などの評価判断に関する能力、音楽が含んでいる意味を知覚する能力と言えるでしょう。人は世界や外界のもの・こと・情報という事象に感覚を通じて出合い、関係性や意味を生み出し、創造性を展開していきます。感性は、その大半の過程が無自覚・無意識のうちに起こる脳内プロセスであると言われ、理性や知性との重要な差異です。

豊かな心情や感性を育てたりするには美術、音楽、文学、演劇、舞踊などの芸術教科を、より充実して、この分野の資質をもっと高めていく必要があります。国際化・情報化の進展のなかで、科学技術を中心とした知育偏重の教育だけではなく、感性や情操、創造力など、心を育てる教育を大きな軸として、知性、感性、社会性など、バランスのとれた教育が求められています。

「観る↓ひたすら見る↓観察する↓やってみる↓できない↓工夫する↓まだできない↓イライラする↓泣きたくなる↓泣いても誰も助けてくれない↓我慢する↓また見る↓やってみる↓工夫する↓できた!!」

この連続は試行錯誤です。その時々の感情を正直に表出するこの方法は、前頭葉を育てると言われています。小さいときから喜怒哀楽を体験することで感性が磨かれていくのです。

大人になると、このような体験は少なくなっていきます。子どものときには必要なことに思えますが、私の年齢になってもこの体験は有効です。見えていなかった部分が少しずつ姿を現し、音楽を聴いても、ひとつの音にしか聞こえなかったものがいくつかの音の「和音」となって響いてきます。

もうひとつ、感性を磨くには、本物を聴く、観るということです。

感性教育という意味で「なるほど!」と感心する番組があります。レナード・バーンスタインが指揮、司会を務める「ヤング・ピープルズ・コンサート」です。彼自身が構成も務め、ニューヨーク・フィルの演奏と多数の名音楽家の出演など、2018年のバーンスタインの生誕100年を機にHD映像化され新たに発掘されたものを含めて27話の2シリーズがクラシカ・ジャパンで放送されています。素晴らしい演奏はもちろん、音楽の歴史から曲の解釈まで大人が聞いても勉強になります。

この番組では交響曲、協奏曲、ソナタ形式、楽器の特徴など音楽用語を優しい言葉で説明しながら聴かせるのです。親と一緒に参加している会場の子どもたちは、表情豊かで真剣な顔！　時々、バーンスタインの言葉に大きな笑い声で反応しています。子どもたちは確実に音楽を身近に感じるようになり親しみを感じることでしょう。これはバーンスタイン自身が、今までの仕事のなかで最も意義のあることと自負している取り組みだそうです。カーネーギホールでこのような体験をした子どもたちがその後どのように音楽とかかわっていったか知りたいものです。

来場している親も、身を乗り出し頷きながら、子どもより熱心になっている様子も見られます。バーンスタインが、徹底して本物を見せて聴かせるこだわりは凄いものです。

「芸術の科学と、科学の芸術を研究せよ」と言ったレオナルド・ダ・ヴィンチは、芸術的な感性と科学的な思考をバランスよく磨いたからこそ、幅広い分野で創造的な活動やイノベーションを起こすことができたのでしょう。

人は誰でも記憶に繋がる音楽がある

あなたは自分の人生で起きたことで、今に繋がっているエピソードをどのぐらい思い出せますか?

自分が生きてきた、これからも生きていくという実感を得るためには、小さいときから今までの自分の人生を、ひとつの繋がりとしてできるだけ詳細に思い起こしてみることだと気づきました。

思い出は過去からの手紙、過去からのコミュニケーションで、心身を甦らすメッセージです。思い出は、音楽が伴う場合も、画像の場合もあるでしょう。あるいはその両方を伴っているかもしれません。小さいときから今までの自分の縦糸をたぐってみることは、「生きてきたのだ！」という実感が湧きます。そしてこれからも生きていくのだという気持ちが強まります。

思い出は今の自分を追い越していくことはありません。私たちの後についてきます。自分で過去を担って、未来をも担うのです。


記憶の小さな破片に出合うたびに、いつも同じように思い出す情景がありませんか。

私には、何十年にわたり、ある曲から何度も繰り返し同じ情景が浮かび、自分の心の底を揺らす懐かしい思い出があります。

それは何十年も前のことなのに、今このときに、音楽とともに甦り、ふとした情景とともに、過去と今を繋いでくれて、心の調和に導いてくれます。昔の自分に今の自分が出会って優しく眺めている、それをまた眺めているというひとときになります。

マイメロディー&メモリー①

私が今の仕事を始めた、きっかけの言葉

古今東西の偉人の名言や身近な人、あるいはほとんど知らない人の言葉でも、胸を打ち、生きる糧となる勇気づけられる言葉には人に強い影響を与える力があります。たったひとつの言葉との出合いが、その人の一生を決めることもあるでしょう。

私が今の仕事を始めるきっかけになったのは、40年ぐらい前。海の向こうで出会った一人の男性の言葉でした。その頃、子育てをしながら細々とですが大学の専門分野に関連した勉強を続けていました。主人の転勤でロサンゼルスに住んでいた頃です。時々、近くのゴルフコースに隣接しているミニゴルフ場で保育園帰りの次男を遊ばせていました。小さいプロゴルファーのようなその姿をわが子ながら可愛いと思って見ていたのですが、柵の外から「キュート！ナイスパット！」と息子に声をかけてくれる人がいました。次第に息子は、彼

と友達気分になっていったようです。

その後、彼が躁うつ病の治療を受けていることを知りました。症状の起伏に合わせて、体調のよいときはゴルフ場で過ごしているということでした。いつその波が来るか不安なのだけれど明るく過ごしていたいと話すときの、穏やかな顔に悲しい眼差しを見ると、「知的な話をするこの優しい人が精神を病んでいるのだ、人間ってわからないことがたくさんあるのだ」と衝撃を受けました。

私は一生懸命に、「この世界に無意味なものなどない。わけても悩みこそ意味深きものである」これはイギリスの作家、オスカー・ワイルドの言葉ですが、そんなことをつたない英語で言った記憶があります。

「あなたは私の主治医よりも私の話をよく聞いてくれる。優しい人ですね。カウンセラーなのですか」

そのときの私の専門は現在とは違っていました。まだ私は心理学の分野にはいなかったのです。でも心のなかで何かが動いたのを覚えています。

今の日本の若い人を取り巻く生活は暗く重苦しい状況とも言えます。若い人が希望に胸ふくらませて生きる職場のニュースは、あまりないといっていいかもしれません。
しかし、どんな時代にも、それぞれの悩みはあったのです。

私が過ごしてきた時代を思い返してみると、家庭の悩み、仕事の悩み、そのほかいろいろな苦悩に出合って、時には敗北、挫折することもありました。その苦悩のどん底で強く鍛え上げられた部分もありました。

アメリカの心理学者リチャード・ラザルスのストレス対処方法のひとつの「肯定的再評価：困難を通り抜けていくことで成長していくと考える、困難な出来事からポジティブな部分を見つけていく対処の仕方」は、まさにこれです。

でも、そのときの私はこの言葉を知りませんでした。ラザルスがこの対処法について述べたのはずっと後でしたから。

人間を美しくたくましく鍛え上げ、深みのある人間に育て上げるには、苦しみが多くの役割を持っているといえるかもしれません。ですから、環境が悪い、政治が悪いと非難するだけではなく、自分から進んで悪い環境のなかに入り込み、どこがどういうふうに悪いのか、そしてそれを除き去るにはこういう方法がある、これは私を強くする試練なのだと思える段階まで、粘り強く生き抜く誠実さと努力を取り戻したいものです。

あの頃よくクラブハウスで流れていた曲、プレスリーの「Can't help falling in love」を聴くと、3歳半だった息子にパターの手ほどきをしてくれた彼の姿を、懐かしく思い出します。

マイメロディー&メモリー②

雪中のリラクセーション

入浴することは、身体だけでなく心もゆったりして緊張もとけて流れ出します。忘れていたことを思い出したりします。リラックスすることで想像力や創造力が高まり、発明・発見に結びついた話も聞くところです。

以前、親族の祝いごとがあり、金沢に出かけたときのことでした。全国的に寒さ厳しい日本列島で、特に北陸地方には大雪・強風警報が出ていました。「着陸できないときは羽田に戻ります」というアナウンスのなか、揺れに揺れて小松空港に着きました。ほっとする間もなく、レンタカーの窓から見た日本海は波頭が高く白く荒れ、雪と霰と雹が打ちつけ、真上で稲妻も一緒になって襲いかかるので、「恐ろしい～」と震えながらも、久しぶりの厳しい自然の姿に「今、私は冬の北陸にいる」と実感したものです。

団体客のいない旅館で、露天風呂の湯けむりのなかから夜の雪景色を眺め、リラックスしました。湯治というと昔からある優しい響きですが、今では温泉療法として代替医療のひとつとしても考えられています。天然の温泉には、温熱、化学成分・浮力・水圧などの効果で、脳卒中・神経麻痺・外傷後のリハビリテーション・慢性疾患などの療養に効果があると言われています。ただリラックスするために温泉が好きな人も多いですね。

ここのお湯は、疲労回復、腰痛、神経痛に効くということです。どちらかというとぬるめで私にはちょうどよい温度でした。そしてこんなときの鼻歌は、よく関係がわからないのですが、どういうわけか「ゆりかごの歌」です。

カウンセリングの訓練を受けている若いときに、心療内科の先生から「クライエントの前では、自分自身がリラックスすることが必要ですよ。温泉に入っているような気持ちになって」と指導されたことを、そして、自律訓練法の練習のときにも「温泉の気分で、温泉！」と言われたことを思い出しました。

この自律訓練法は、ドイツの精神科医ヨハネス・ハインリヒ・シュルツによって開発された心理・生理的なセルフコントロール技法です。段階的に訓練を進めていくことによって、弛緩、沈静、自律神経系の安定などの状態が得られるように構成されています。不安や緊張が基底にある心身症や神経症の治療法として、また現在では一般的な自己弛緩法、ストレス緩和法、疲労回復など心身の健康維持・増進法として普及しています。宇宙飛行士もこの技法を身につけています。

カウンセリングの過程で、クライエントが自分の感情や思考をどの程度正確に認識しているのか、カウンセリングによって新たに得たものを本当に受け入れているかどうかを知るために、自律訓練法によってリラックスして安定した状態に身を置くことは非常に大切です。

私自身も、自分の要求や欲求に気づく、自分らしさを発見する、目標を設定し成功している自分の姿を描くなど、自律訓練下でそれをイメージすることが、日常生活での心理・生理状態に影響することを体験してきました。

昼間の稲妻の後、夜には音のない音を出して雪が降ってくるのです。夢幻の世界です。温泉に入ってリラックスして濃い灰色の空から舞い降りてくるぼたん雪を眺めているうちに、この日浮かんできたのは、子どもの頃の愛読書『赤毛のアン』のなかの会話でした。神様が雪の毛布をふるったので雪の小人が次々と地上に降りてくるのだという話、ずーっと空を見上げていると、年をとった今でも、やっぱり、雪の小人に見えましたね。

マイメロディー&メモリー③

月夜の親子猫

動物と触れ合うことで癒される、ペットと気持ちが通い合うなど、犬や猫と人間との関係は、年齢層に関係なく強い絆となっているようです。私には、今までに、大事な犬と猫が一匹ずついるのですが、ここでは、思い出になってしまった猫のお話です。

私は太陽と同じぐらい月も好きで、かなり長い間見とれてしまいます。「月の砂漠」も「雨降りお月さん」も、月にちなむ歌は大好きです。満月を見ると、自分のほかにも月を見上げていた小さな親子猫の後ろ姿と影二つ、いつも思い出す情景があります。

私が小学生の頃のことです。父は猫が大好き、母は大嫌いで、したがって家では猫を（犬も）飼っていませんでした。今住んでいる家は同じ場所に3回建てなおしていますが、60年以上も前は、お茶の間の前の廊下は上半分がガラスの引き戸になっていて、廊下越しに庭がよく見える家でした。

ある日の夕方、ガタッと音がしたので庭のほうを見ると、一匹の猫がガラス戸の木の珊に両手をかけて食事をしている私たちのほうを見ていました。敷居の上に乗って背伸びをしているようでちょうど首から上が見えていました。まん丸な目でこちらを見ています。「にゃあ、にゃあ」私たち3姉妹は思わず立ち上がりガラス戸に駆け寄りました。「かわいい猫がいるー」。3人の顔をきょろきょろと見てから、その猫は敷居から飛び降り、行ってしまいました。でも、それから毎日のように、夕食の時間になると、同じ場所に飛び乗って私たちの食事を見ています。

私たちはその猫に「チビ」と名づけ、顔を出すのを待つようになりました。普通の猫より小さいのでチビとなったのだと思います。「また来てる！」と、そのうちにガラス戸を開けても地面にちょこんと座って逃げないようになりました。「野良猫に餌をあげると居ついてしまうから駄目よ」という母の言葉に「はーい」と答えながら、そっとかくれて、食べられそうなものをあげていました。チビは他の猫とは違って上品で、可愛いいしぐさをする猫でした。

野良猫ですが、私たちにとってはうちの猫になっていたのです。「うちのなかに入れて抱っこしたいな」と妹がそう言うので、「ちょっと待ってて」と私は鯵の開きにひもをつけて、廊下に置き、ガラス戸を開けてチビが食べにくるのを待ちました。「鯵の開きって、猫の顔と似ている」そんなことを思ったことを覚えています。

ガラス戸が開いていて魚が前にあるので、チビは初めて廊下のなかに入ってきました。そろそろとひもを引き、つられて歩き出したチビの後ろでガラス戸は閉められました。今でも思い出すと胸が痛むのですが、びっくりしたチビは逃げようとして猛烈な勢いで廊下を走り回りました。そんなに驚くと思わなかった私たちは、3人同時にあわててガラス戸を開け、飛び降りたチビに鯵の開きを「お土産」にあげました。

こんなことがあったら、もう来ないかなと思っていたのですが、また顔を出す日が続きました。ある日のこと、チビがほんとに小さな子猫を連れてやってきました。いつの間にか、お母さんになっていたのです。

満月の夜、縁側にすすきやお団子を並べて、月にちなんだ童謡を歌いながらお月見をしていたとき、庭では、踏み石の上にチビの親子が座って、同じように月を眺めているのです。影も二つです。猫嫌いの母も、「あの親子が並んだ後ろ姿はなんともいえないわね」と、チビだけは可愛いと思ったようです。チビと私たちとはすっかり仲よくなりました。

その後、突然チビは襲われて死んでしまいました。庭の茂みのなかでチビを見つけた当時、同居していた獣医の叔父から「チビは子どもを守って戦って死んだんだよ」と教えられたのです。私たちは身体が震えるほどショックで泣きました。それ以来、どの猫ともそういうつき合いはしていません。

それから何十年間ずっと、家の付近で、顔を合わせたときにふっとチビを思い出す猫に出会います。身体の色は違いますが、あの雰囲気を持っています。いつも「あなたはチビの子孫なの？」と聞いてしまいます。野良猫ですが、昔から住んでいる家のまわりにいるのですから、きっとＤＮＡは続いているのでしょう。きっとチビの血を引いているのでしょう。

建てなおしのために家を壊す前の夏、姉と妹の都合が悪くて私一人で亡くなった両親の迎え火を焚いていたときに、チビの顔をした小さめの猫が、逃げ出しもせずにずっと庭の片隅に座ってこちらを見ていました。

私のなかでは何十年も前のことが今に繋がっています。

可愛いと思った猫はチビだけです。

感動体験を音に乗せて

今までを振り返ると、人生の道の曲がり角は何度もあり、それは、私にとって、ターニングポイントでした。大切な人との巡り合い、大きな環境の変化、変革する学問体系との対峙など、そんな節目は飛躍を生む場面でもあり、時には挫折や危機になることもありました。振り返れば、道の曲がり角には音楽が伴っていました。

音楽は記憶を呼び起こすものです。人によって違いますが、画像も香りも同じです。私は、自分の人生を振り返り、改めて音楽から自分の人生をもう一度把握しなおしています。以前から、自分の好きな曲だけを繰り返し聞きたいと思っていましたので、私のための自分の好きな曲だけ入っているピアノ演奏を聴く時間は、心地よく、その音色に身を任せると、だんだんと感動体験が深まっていきます。色聴現象（音で色が見えてくる）ほど明確ではないですが、次第に音色から色がさまざまな景色や概念として見えるようになってきました。

好きな曲を聴いていると、見えるもの、聴こえる音、考えること、それぞれがハーモニーに広がって感動します。そして、世界中の多くの人がそのように穏やかな気持ちになったら、争いなどする気がなくなり、平和になるのにという想いに至るのです。

忘れられない思い出や、喜び、感動の場面、また、人生の折々に出会った人々との交流や絆などは、その人の人生を彩る、大切な宝ものです。音楽はそれを思い起こす作業をとりもってくれます。芸術は人が逃避したり、勇気をもらったり、情動を表現する手段なのだと実感します。

さまざまな出来事、出会いと別れ、懐かしい場所、忘れられない場面など、記憶を蘇らせ振り返りながら、回想していくプロセスで、ただひとつだけの、ユニークでかけがえのない、人生の意義を再発見できるような気がします。

多くの演奏家が願うことは、聴く人の心身が満たされ、驚き、落ち着き、昂り、満足など曲の世界を感じてほしいということでしょう。人生そのものがにじみ出るような、心で弾く演奏は、人が経験した喜び、悲しみ、出会いや別れ、失敗や絶望さえ、心に響けば、再び生き生きと過ごすための力になってくれそうです。いつまでも多くの人に聴かれている偉大な作曲家の曲や演奏には、そのような力が備わっているのだと思います。

好きな楽曲を毎日のように聴いているうちに、心身が甦ります。感動体験は免疫を高めるはずです。自分の大切な記憶のなかの思い出の曲ですから、気分がよいのは当然です。美しい音は、あのときこのときの優しい思い出の写真のように画像にもなって浮かびます。

青春の感動体験を思い起こすことは、高齢期の励ましや救いにもなるのでしょう。演奏の揺らぎが自分の感じるところと一致している場合は、最高です。音楽を聴くことは、ライフレビューカウンセリングの役目も果たしているのだと思います。ライフレビュー・回想法とは、人生を振り返り、回想すること。そしてそれを音楽で、絵画で、言葉で語ること。その人のすべての思いが集積しています。人生のハイライトが甦ります。

あわただしく過ぎ去っていく日常生活のひとときでいいので、急ぐ足を留めて、これまでに過ごしてきた過去の時間を振り返り、印象深い出来事の記憶をたどってみるのも素敵です。これは健康心理学の観点からも立証されています。これからの人生を考えるのであれば、まずは過去を見つめなおすこと。これが重要です。方法は前述したように、音楽でも芸術でも、なんでも構いません。まずは自分が興味あることや、思い出にまつわることから紐解いていくのです。そうすれば、自分が本当に好きなもの、やりたいことが見つかると思います。

前述の分子生物学者の村上和雄先生が、「数ある命のなかで、霊長類の最高位にある人間としてこの世に生まれたことはものすごくラッキーなことであり、その与えられた命を大切に、能力を有効に発揮して次の世代に繋げていってほしい」とおっしゃっていました。

友人との突然の別れで、生きることと死ぬことを考えざるを得ないときなど、この言葉に、とても心が落ち着きます。

いろいろな樹々が、芽が伸びて、葉が茂り、花が咲き、実がなり、枯れて、そして種を残していく、その繰り返す過程を想像するとき、多分私は、「永遠の命」の意味を捉えているのかもしれません。

時々、もし、生まれ変わるということがあるのならば、次の世には自分は何になって生まれてくるのだろうと考えます。自分の好きな花になっているのか、昆虫の世界か、渡り鳥になって旅をしているか、ジャングルのなかにいるのか、もしかしたら海のなかかもしれません。わかるはずはありませんが。今、人間として生まれたことが有難く、何かに感謝する気持ちになります。

その大切な人生を人間らしく、一日を一生懸命生きて、そして次の日も、また続いていきますようにと願います。

ひと昔前なら、心理学者エリック・エリクソンの唱える発達理論の老年期は、人生を回顧し、死を受け入れ終焉を待つ時期でした。

しかし、「人生80年」からあっという間に「人生100年」になったのです。人生の最終ステージはずいぶん長くなりました。改めて自分のしたいことを見つけ、そのために自分を整えなおし、多くの感動体験を持って心の思うままに生きることにしましょう。

おわりに

退職を機に、これからの自分の人生、取り巻く社会状況などを考えたときに、何かを伝えたい気持ちになりました。政治家による党派の不毛な争い、国際関係の憎しみが浮き出るニュースなどを見聞きして、私たちはもっと大事なことにエネルギーを注ぐ必要があるのではないか、もっと違う対応をする必要があるのではないかと思ったからです。

それは、こういう場面にいる人々への「ハーモニーの勧め」です。

でも私は政治家ではありませんので、本書は、私自身のために、そして、これから自分を変えていこうかな、あるいは変えていったほうがよいと考える人々のために、健康心理学者として学んだ知見を基盤にして書いたものです。

私自身、これからの人生を「感動と社会貢献」で過ごすことに決めて、それを実行に移すときに必要な資源を棚卸ししてみました。

1988年に日本に導入されてからずっとかかわってきた健康心理学が、自分の人生にどう影響してきたか振り返ってみて、素晴らしい学問に巡り合ったことを改めて感じ、まだ知らない人に伝えたいと思いました。健康心理学には、人生移行の各時期に、生活のそれぞれの場で、子どもから大人まで必要な理論と実践の方法がたくさん示されています。

日本健康心理学会の黎明期から発展した現在まで、私の生活はほとんど健康心理学中心の生活でしたから、ふっと思いついたように言っていることも、健康心理学者の理論に裏打ちされていることが多いようです。

社会貢献への関心は、社会心理学者の慶應義塾大学名誉教授であられた故岩男壽美子先生に育てていただきました。小柄な体格からは信じられないほどの地球規模の発想や行動に、いつも驚いたり感心したり。自分の小ささに気づかされたものです。

最近は、タンザニアで女性の自立を目指して立ち上げた「さくら中学校」が軌道に乗り、2019年10月に卒業生が出るとのことです。理系にも強い女性のリーダーを育成するプロジェクトと聞いて、ご苦労しながら意義を語る先生の心意気に感じて、私も奨学金を寄付したのですが、その対象となった生徒からは、一生懸命勉強しているという感謝の言葉とともに、学校での様子が書かれた手紙が届きました。遠くからですが、心から応援していきたい気持ちになります。

岩男先生は、多くの公務に加えてこの活動に心血を注がれ、前日までその委員会に出席された後、急逝されました。30年間、妹のように接していただいた私は、ロールモデルを失い、とても悲しく落胆した日々でしたが、微力でも、先生の遺志に添うように社会貢献活動を考えていきたいと思います。

先生は、きっとタンザニアの星になられたでしょう。

子どもの頃に体験した、音楽を聴く、そして感動する。これは一生を通じて、自分の情動の多くを占めていました。

しかし私は、ある期間、フロイトの唱える心の構造の、「自我」「超自我」を出す場のほうが多く、情動の場である「エス」をあまり人前では出せなかったのでしょう。そこは、本能エネルギーの貯蔵所とも言われる場所で、抑圧された欲求エネルギーや欲望などの、生まれながらに持つエネルギーが蓄えられています。その渾沌とした部分には、カーテンを引いていました。

でも今は、その三つの場を自由にエネルギーが動き回ることを許してよい時期が来たと思うのです。本書では音楽の話が多くなりましたが、多分、私が望みながらもかかわれなかった世界への憧れが溢れてきたからかもしれません。

心理学に多大な貢献をしたフロイトは、潜在意識、無意識の内容を言葉や文字で表してくれましたが、それ以前に、ショパンやチャイコフスキーなどの音楽家は、心のなかで深く感じていること、喜び、悲しみ、故郷の景色などを発想の源として、音で表現しています。シベリウスやグリーグなどの北欧の作曲家の曲からは、その自然が表れ伝わってきますね。春の雪解けの水が流れている音が聞こえてきます。

2019年7月、今年の私の誕生日は、エストニア、バルト海のサーレマー島で迎えました。エストニア・フェスティバル管弦楽団の「田園のエストニア・パルヌ音楽祭」のツアーに参加したのです。

初めて訪れた国エストニアは、最も進んだ「電子政府」として話題のＩＴ国として知られていますが、この国は、伝統文化の残る世界遺産キフヌ島、のどかな田園、小さなかわいい家の並ぶ街でした。

フェリーで向かったキヌフ島では、伝統のカラフルなスカートを身にまとった女性たちの歌や踊りを観ました。何か懐かしい響きで、一緒に口ずさむことのできるメロディーです。ミニマルで素朴な音楽が流れているだけで、その土地の自然と生活が下地になっているような気がします。理解するのではなく、ダンスそのままを、音楽そのままを、観ているだけで、あるいは聴いて感じるだけなのですが、観客それぞれの楽しみ方ができる芸術であって、人間の意識の深層へといつの間にか誘われていることに気づくのです。これが民謡なのだと思いました。

ノスタルジックな気分とともに、途中で、「え!?」と気づいたのは、彼女らは80歳前後でもほとんどが眼鏡をかけず、歌って踊ってその合間に編み物をしているのです。自然に囲まれている、遠くの緑の森を眺める、魚はおいしい、そういう生活だから目がよいのでしょうか。

展示されている昔からの写真や絵などを見ても、男性はみな漁へ出かけ、女性は、留守を守り、家のことも子育ても手仕事も畑仕事も、そのほか何でもしているのです。民族舞踊も女同士で手を取り合い踊るのです。男性は漁に出て不在ですからですね。踊りの男性役も女性が務めているのです。ここには、男に頼らない世界、女に任せる世界が続いているような気がしました。

進歩は、がらりと変わることではないと気づきます。大きく変わるときは、古いものと新しいものを大事にして融合させ、よいハーモニーがうまれることが大切なのですね。

3日間、ヤルヴィ一家総出の演奏に感動しました。この音楽祭は、N響首席指揮者でもあるパーヴォ・ヤルヴィ氏と父ネーメ・ヤルヴィ氏によって率いられ、彼らの故郷であるパルヌで、2011年に始まった音楽祭です。エストニア人の音楽によって若者を教育していく姿勢を強く感じました。

特に心を打たれたのは、1988年には30万人以上のエストニア人が集まり、独立の願いを歌に託して集まったという首都タリン近郊の「歌の原」に立ったときです。

思い通りにならないとすぐに武力に訴えようとする現代の風潮を見ると、歌いながらの革命、手を繋いで600㎞にわたって「人間の鎖」を築き、心をひとつにした抵抗とは、なんと素晴らしいことでしょう。エストニアがソ連の支配下から独立したときのエピソード「歌の力」が発揮されたことについても頷けます。

バルト海のサーレマー島のホテルでは、外国からの宿泊客のために何本かの国旗が掲げられていました。その日は私の誕生日。部屋に入ると窓の外の真正面に、青い海を背に、日の丸が旗めいていました。

ずいぶん長く生きてきた！　過去と現在の気分が楽しく穏やかにハーモニーされたようで、幸せな気分になりました。

本書の付録CDは、私の好きなたくさんの思い出の曲のなかから選びました。メロディーは聞いたことのあるものばかりだと思います。懐かしく、穏やかに、時間、場所、人々の記憶が蘇ってきます。歌詞がないと、その演奏をいろいろな感情で受け止めることができますので、歌詞なしの曲にしました。

ピアノ演奏は作曲家の石木真知氏にお願いいたしました。メロディーに沿う即興のハーモニーは、演奏者のそのときの気持ちで自由に生まれて弾かれたものです。弾き手が投げかけるものを聴き手がどう受け止めるかによって音の持つ意味も違ってきます。

小学生のときから、春を待ちわびる頃に口ずさんだメロディー、その年頃の背景を伴って懐かしい物語が続きます。波の音に涙を隠して浜辺に座っていたあのとき、嬉しくて波に濡れながらも踊らずにはいられなかったとき、浜辺の歌で青春の思い出が蘇ります。子どもに聴かせながらゆらゆらと自分もゆったりした気持ちになった子守唄、鎮魂と希望の歌、まだ知らない国の叙情を心に届けて私の想像の翼を広げてくれた外国の歌など、そして最後の曲は、即興「あなたに」です。

ピアノ演奏13曲目

『朧月夜』（作曲：岡野貞一）
『浜辺の歌』（作曲：成田為三）
『赤とんぼ』（作曲：山田耕筰）
『ゆりかごの歌』（作曲：草川信）
『どこかで春が』（作曲：草川信）
『花は咲く』（作曲：菅野よう子）
『エーデルワイス』（作曲：リチャード・ロジャース）
『ほととぎす』（作曲：ライトン）
『ロンドンデリーの歌』（アイルランド民謡）
『帰れソレントへ』（作曲：エルネスト・デ・クルティィス）
『黒い瞳』（ロシア民謡、作曲：フロリアン・ハーマン）
『ラストワルツ』（作曲：レス・リード）
『あなたに』（即興演奏：石木真知）

本書が、あなた自身の健康と自己実現ができる感動に溢れた人生を送る、その助けとなれば幸いです。「ハーモニーの世界」によって、世の中が平和で、刺激的で、また穏やかであることを願います。

ほぼ25年もの間、健康心理学をご指導いただいた恩師である故本明寛先生、日本健康心理学会の山本多喜司先生はじめ多くの先生がたに、心から感謝申し上げます。

長きにわたり貴重な教育の場を与えていただきました、前文化学園大学学長の大沼淳先生、ファッション心理学の分野を拓くご示唆をいただきました文化学園大学学長・濱田勝宏先生に厚く御礼を申し上げます。

また、本書を刊行するにあたってご尽力、的確なアドバイスをいただきましたダイヤモンド社編集部編集長花岡則夫氏に深謝申し上げます。

令和元年12月　野口京子

［著者］

野口京子（のぐち　きょうこ）

1966年早稲田大学商学部卒業。1988年早稲田大学文学研究科心理学専攻修士課程修了。1991年コロンビア大学大学院社会福祉学研究科修了。M.S.W. 博士（保健学）。日本健康心理学研究所所長を経て1999年より文化女子大学（現・文化学園大学）教授。現在、文化学園大学名誉教授。NPO 健康心理教育実践センター理事長。
著書には『新版健康心理学』（金子書房）、『楽しそうに仕事をしている人の習慣術』（河出書房新社）などがある。また、共著として『「変化対応力」入門　成果主義時代の必須能力』（ダイヤモンド社）、訳書は『理性感情行動療法』（金子書房）、共訳書として『ストレスの心理学』（実務教出版）、『激動社会の中の自己効力』（金子書房）など多数ある。

［CD　ピアノ演奏］

石木真知（いしき　まさと）

1975年愛知県立芸術大学作曲科卒業。
国際交流基金主催による東南アジア５か国への演奏旅行に参加する。また、グループ活動のアメリカ、インドネシア、台湾などへの海外公演にピアノ演奏、編曲の担当者として参加。その他、いろいろなジャンルの曲の編曲を手掛け、作曲、ピアノ演奏等の音楽活動をしている。

50歳から準備する定年後の生き方
リタイアしたら“人生ハーモニー”で楽しく、豊かな生活に

2020年1月15日　第1刷発行

著者――――――野口京子
発行所―――――ダイヤモンド社
〒150-8409　東京都渋谷区神宮前6-12-17
http://www.diamond.co.jp/
電話／03-5778-7235（編集）　03-5778-7240（販売）
装丁・本文デザイン――エクサピーコ
イラスト―――――野口京子
製作進行―――――ダイヤモンド・グラフィック社
印刷――――――勇進印刷（本文）・加藤文明社（カバー）
製本――――――ブックアート
編集協力―――――落合 恵
編集担当―――――花岡則夫

ISBN 978-4-478-10801-7